Méthode intensive

À plus! 2

Nouvelle édition

Grammatikheft

mit Übungen (und Lösungen online und zum Download)

Die **Lösungen** zu den Übungen *Tu as tout compris?* und *Fais le point* findest du auf cornelsen.de/codes
Gib dort den Code **taxona** ein.

Cornelsen

À plus! 2 Nouvelle édition **Méthode intensive**
Grammatikheft für Französisch als 3. Fremdsprache
mit Übungen (und Lösungen online und zum Download)

Im Auftrag des Verlages erarbeitet von
Gertraud Gregor, Darmstadt

Redaktion: Corinna Martin-Werner, Berlin

Projektleitung: Julia Goltz

Illustration: Laurent Lalo
Umschlaggestaltung: werkstatt für gebrauchsgrafik, Berlin
Layout und technische Umsetzung: graphitecture book & edition

Umschlagfotos: *li.* shutterstock / Paolo Querci; *re.* Image Source / Blend / Rick Becker-Leckrone
Bildquelle: S. 11 *o.*, S. 48, S. 60, S. 66 *u.*, S. 81 *o.*: Shutterstock.com / Chris P

www.cornelsen.de

1. Auflage, 1. Druck 2019

Alle Drucke dieser Auflage sind inhaltlich unverändert
und können im Unterricht nebeneinander verwendet werden.

Druck: Firmengruppe APPL, aprinta Druck, Wemding

ISBN 978-3-06-122131-7

PEFC
PEFC/04-32-0928

PEFC zertifiziert
Dieses Produkt stammt aus nachhaltig bewirtschafteten Wäldern und kontrollierten Quellen.

www.pefc.de

INHALTSVERZEICHNIS

Unité 3 À la découverte du Québec

Module 3 Je veux qu'il vienne!

Unité 4 La vie en famille

Module 4 Vacances en Belgique

Révisions Grammaire À plus! 1 Méthode intensive

Annexe

Ces stars qui parlent français

1 Präpositionen und Artikel vor Ländernamen | Prépositions et articles devant les noms de pays

► p. 8

Elle vient du Mali. Elle habite en France.
Il donne des concerts au Québec et aux États-Unis.

la France	**le** Québec	**les** Pays-Bas
la Belgique	**le** Portugal	**les** États-Unis
l'Allemagne	**le** Maroc	**les** Seychelles
l'Angleterre	**le** Luxembourg	
la Suisse	**le** Mali	
l'Espagne	**le** Rwanda	

Die meisten französischen Ländernamen sind feminin, einige sind maskulin und einige stehen im Plural. Im Französischen verwendest du vor Ländernamen meistens den bestimmten Artikel. Im Deutschen verwendest du meistens keinen Artikel.

	la France	**le** Québec	**les** États-Unis
Ils viennent	**de** France	**du** Québec	**des** États-Unis.
Ils sont / Ils vont	**en** France	**au** Québec	**aux** États-Unis.

Willst du sagen, dass jemand aus einem Land kommt (*Ils viennent* ...), verwendest du vor femininen Ländernamen ***de/d'***, vor maskulinen Ländernamen ***du*** und vor Ländernamen im Plural ***des***. Willst du sagen, dass jemand in einem Land ist (*Ils sont* ...) oder in ein Land fährt (*Ils vont* ...), verwendest du vor femininen Ländernamen ***en***, vor maskulinen Ländernamen ***au*** und vor Ländernamen im Plural ***aux***.

MERKE

feminin:	**en/de**	+ Ländername
maskulin:	**au/du**	
Plural:	**aux/des**	

Eine Weltkarte mit den Ländernamen findest du auf der vorderen Umschlaginnenseite deines Schülerbuchs.

Il vient **de La** Réunion. Il va **à La** Réunion.

! Hier gehört der Artikel *La* zum Eigennamen der Insel und bleibt deshalb erhalten.

Tu as tout compris? Solutions ► taxona

Ergänze die Sätze mit der passenden Präposition.

1. Ils donnent des concerts ? Québec. • 2. Ma mère vient ? Angleterre et mon père vient ? Allemagne. • 3. J'ai un oncle qui habite ? États-Unis. • 4. Jade passe ses vacances avec sa famille ? France. Sa copine Luisa est allée ? Espagne chez sa famille. • 5. – Est-ce que tu es déjà allé ? Mali? – Non, mais j'ai une copine qui vient ? Mali. • 6. Mon cousin est né ? Belgique, mais ses parents viennent ? Luxembourg.

2 Der Komparativ des Adjektivs | Le comparatif de l'adjectif

▶ U1 V1, p. 12

1

Marc est **plus grand que** Louis.
... größer als ...

2

Louis est **aussi grand que** Sophie.
... genauso groß wie ...

3

Clara est **moins grande que** Sophie.
... weniger groß / kleiner als ...

Wenn du Personen oder Dinge miteinander vergleichst, brauchst du dafür den Komparativ des Adjektivs. Um zu vergleichen, stellst du im Französischen *plus*, *aussi*, *moins* vor das Adjektiv und das Vergleichswort *que* dahinter.

MERKE

Komparativ des Adjektivs:

+	***plus***	
=	***aussi***	+ Adjektiv + ***que***
–	***moins***	

Le temps à Lyon est **bon**, mais il est **meilleur** à Marseille.
Pauline est **bonne** en maths, mais elle est **meilleure** en sport.
Mes cousins sont **bons** en anglais, mais mes frères sont **meilleurs** en anglais.
Mes filles sont **bonnes** en EPS, mais leurs copines sont **meilleures** en EPS.

! Der Komparativ von *bon* ist unregelmäßig: ***meilleur/e***. Wie andere Adjektive auch, wird *meilleur* an das Nomen, zu dem es gehört, angeglichen.

MERKE

	maskulin ♂	feminin ♀	maskulin ♂	feminin ♀
Singular	bon	bonne	meilleur que	meilleure que
Plural	bons	bonnes	meilleurs que	meilleures que
	gut		besser als ...	

Tu as tout compris?

Solutions ▶ taxona

Vergleiche. Bilde Sätze und verwende dabei den Komparativ des Adjektivs.

1. Une balade sur la côte / + *joli* / une balade en ville.
2. Le Vieux-Port / – *grand* / le port commercial.
3. La vue du château d'If / – *beau* / la vue de la basilique.
4. Peut-être que les restaurants au Panier / – *chers* / restaurants au Vieux-Port.
5. Le vélodrome à Marseille / + *bon* / notre stade.
6. Les terrasses des cafés près de la plage / + *bon* / les terrasses au centre-ville.
7. Il y a des Marseillais qui / = *stressé* / les Parisiens.

3 Der Superlativ des Adjektivs | Le superlatif de l'adjectif

▶ U1 V1, p. 12

C'est **le plus grand** port de France.
C'est **la plus grande** bibliothèque de Marseille.
Ce sont les rues **les plus intéressantes** de Marseille.

Die höchste Stufe des Vergleichs ist der Superlativ. Den französischen Superlativ bildest du, indem du vor die Komparativform (***plus/moins*** + Adjektiv) einen Begleiter stellst. Meistens ist das der bestimmte Artikel oder ein Possessivbegleiter.

MERKE

le *la* *les*	+ ***plus/moins*** + Adjektiv

C'est une bibliothèque **intéressante.** → C'est la bibliothèque la **plus intéressante.**

Adjektive, die hinter dem Nomen stehen, stehen auch im Superlativ hinter dem Nomen. Denke daran, den bestimmten Artikel vor der Superlativform zu wiederholen.

C'est une belle vue. → C'est la vue **la plus belle** de Marseille.
C'est **la plus belle** vue de Marseille.

Adjektive, die vor dem Nomen stehen, können im Superlativ vor oder hinter dem Nomen stehen.

C'est **le meilleur** stade de France.
Ce sont **les meilleurs** joueurs de l'OM.

C'est **ma meilleure** copine.
Ce sont **nos meilleures** chanteuses.

! Der Superlativ von *bon* ist unregelmäßig. Wie im Komparativ wird auch im Superlativ *meilleur* dem Nomen angeglichen, zu dem es gehört. *Meilleur* steht immer vor dem Nomen.

MERKE

Positiv	Komparativ	Superlativ
bon/**bonne**	**meilleur**/**meilleure** que	**le meilleur** / **la meilleure**
bons/**bonnes**	**meilleurs**/**meilleures** que	**les meilleurs** / **les meilleures**
gut	besser als	der/die/das beste, die besten

→→→

Tu as tout compris? Solutions ▶ taxona

Ergänze die Sätze mit den Superlativen der angegebenen Adjektive.

1. Le port commercial de Marseille est ? port de France. *(++ grand)*
2. De la basilique Notre-Dame de la Garde, on a ? vue sur la ville. *(++ beau)*
3. Voici Mia et Assia. Elles sont ? copines. *(mes ++ bon)*
4. Pour moi, le tour ? , c'est le tour en bateau. *(–– intéressant)*
5. Au Vieux-Port, il y a les restaurants ? de la ville. *(++ cher)*
6. Les quartiers nord sont ? de Marseille. *(–– joli)*

4 Die reflexiven Verben | Les verbes pronominaux

▶ U1 V2, p. 18

	se	lever		s'	énerver
je	**me**	lève	je	**m'**	énerve
tu	**te**	lèves	tu	**t'**	énerves
il/elle/on	**se**	lève	il/elle/on	**s'**	énerve
nous	**nous**	levons	nous	**nous**	énervons
vous	**vous**	levez	vous	**vous**	énervez
ils/elles	**se**	lèvent	ils/elles	**s'**	énervent

Hier lernst du die französischen reflexiven Verben kennen.
Auch im Deutschen gibt es reflexive Verben („sich waschen, sich beeilen"). Vor reflexiven Verben steht immer ein Pronomen: das Reflexivpronomen. Die französischen Reflexivpronomen ***me***, ***te***, ***se***, ***nous***, ***vous***, ***se*** stehen immer direkt vor dem Verb. Vor Verben, die mit einem Vokal oder einem stummen *h-* beginnen, werden *me*, *te*, *se* zu ***m'***, ***t'***, ***s'*** verkürzt.

1 **s'amuser** sich amüsieren

Je	ne	**me sens**	pas	bien.
Elles	ne	**se lèvent**	pas	tôt le samedi.
Il	ne	**se couche**	jamais	tard.
Maintenant, il	ne	faut	plus	**se dépêcher**.
Aujourd'hui, on	ne	peut	pas	**se baigner**.

In einem verneinten Satz umschließt die Verneinungsklammer das Reflexivpronomen und das Verb. Nach *il faut*, Modalverben (*devoir*, *pouvoir*, *savoir*, *vouloir*) und *aimer*, *adorer*, *détester*, *préférer* stehen reflexive Verben, wie andere Verben auch, im Infinitiv.
Das Reflexivpronomen steht vor dem Infinitiv.

reflexiv	nicht reflexiv
se lever	aufstehen
se promener	spazieren gehen
se baigner	baden
se coucher	schlafen gehen

nicht reflexiv	reflexiv
rencontrer qn	sich mit jdm treffen
imaginer qc	sich etw. vorstellen
tomber amoureux/-euse	sich verlieben
prendre son temps	sich Zeit nehmen/lassen

Ein französisches reflexives Verb entspricht nicht immer einem deutschen reflexiven Verb. Auch deutsche reflexive Verben sind im Französischen nicht immer reflexiv.

se promener → je me promène
se lever → je me lève

Tu as tout compris? Solutions ▶ taxona

Ergänze die Sätze mit der passenden Form der angegebenen Verben.

1. Notre prof de maths ? toujours quand on n'a pas fait les devoirs. *(s'énerver)*
2. Ma sœur et moi, nous ? souvent de notre petit frère. *(s'occuper)*
3. Hannah et Louis ne ? pas parce qu'il pleut. *(se promener)*
4. Je ? pour ne pas être en retard à l'école. *(se dépêcher)*
5. Est-ce que vous voulez ? aujourd'hui? *(se baigner)*
6. L'après-midi, après les cours, je ? . *(se reposer)*
7. Tu ? tôt demain? *(se lever)*

5 Das unregelmäßige Verb *vivre* | Le verbe irregulier *vivre*

▶ U1 V2, p. 18

	vivre	
Je	**vis**	à Berlin depuis cinq ans.
Tu	**vis**	en France maintenant?
Il	**vit**	au Mali.
Nous	**vivons**	près de la mer.
Vous	**vivez**	ici depuis longtemps?
Ils	**vivent**	au centre-ville.
impératif	**Vis. Vivons. Vivez.**	
passé composé	**j'ai vécu**	

Das Verb *vivre* verliert in den Singularformen das *-v-* des Stammes. Die Pluralformen werden regelmäßig gebildet. Das Partizip Perfekt von *vivre* ist unregelmäßig.

Tu as tout compris? Solutions ▶ taxona

Ergänze die Sätze mit den passenden Formen des Verbs *vivre*.

1. Elle ? à Marseille depuis dix ans. • 2. Moi, je n' ? jamais ? *(passé composé)* dans le sud de la France. • 3. Est-ce que vous ? au centre-ville de Marseille? • 4. Nous, on ? au bord de la mer. • 5. Marie et Gaspard ? ensemble. • 6. Tu ? encore chez tes parents?

6 Der Begleiter *tout* | Le déterminant *tout*

▶ U1 V2, p. 18

	maskulin ♂	feminin ♀
Singular	**tout** le projet das ganze Projekt	**toute** la région die ganze Region
Plural	**tous** les projets alle Projekte	**toutes** les régions alle Regionen

Der Begleiter *tout* wird wie ein Adjektiv in Genus und Numerus an das Nomen angeglichen, vor dem er steht. Das *-t* der maskulinen Singularform fällt im Plural weg (Sg.: *tout* → Pl.: *tous*). Beide Formen werden gleich ausgesprochen [tu]. Die Singularformen *tout/toute* übersetzt du mit „ganze", die Pluralformen *tous/toutes* übersetzt du mit „alle".

tout **mon** temps	meine ganze Zeit
toute **la** journée	der ganze Tag
toutes **ces** bêtises	alle diese Dummheiten
tous **ses** projets	alle seine/ihre Projekte

Nach dem Begleiter *tout* steht meistens ein weiterer Begleiter: ein bestimmter Artikel, ein Possessivbegleiter oder ein Demonstrativbegleiter. Achte darauf, dass die Begleiter im Singular im Deutschen und im Französischen in unterschiedlicher Reihenfolge stehen.

tous les jours	jeden Tag
tous les samedis	jeden Samstag
toutes les semaines	jede Woche

Tous/Toutes wird nicht immer mit „alle" ins Deutsche übersetzt.

Tu as tout compris? Solutions ▶ taxona

Ergänze die Sätze mit der passenden Form von *tout* und einem bestimmten Artikel.
1. Tu as compris ? texte? • 2. Nous avons lu ? informations. • 3. Jean-Claude travaille ? samedis. • 4. Dans mon quartier, je connais ? cafés. • 5. Est-ce que vous avez mis ? assiettes sur la table? • 6. Ils ont regardé la télé ? nuit.

7 Die Relativsätze mit *ce qui* und *ce que* | Les propositions relatives avec *ce qui* et *ce que*

▶ U1 V3, p. 22

Voilà la fille **qui** présente des films de Marseille.
Ce sont des films **qu'**elle aime beaucoup.

Du kennst Relativsätze mit den Relativpronomen *qui* und *que/qu'*. *Qui* und *que* beziehen sich immer auf Personen und Sachen. ▶ p. 72/54.3

Ils sautent de la corniche Kennedy dans la mer, **ce qui** est bien sûr très dangereux.
Moi, je ne comprends pas **ce qui** est drôle dans ce film.
Ce qui me plaît dans cette série, c'est la mixité!

Jetzt lernst du Relativsätze mit *ce qui* und *ce que* kennen:
Ce qui ist immer das Subjekt des Relativsatzes. Auf *ce qui* folgt ein Verb, vor dem auch ein Objektpronomen stehen kann *(ce qui **me** plaît)*. *Ce qui* wird mit „was" übersetzt und bezieht sich nie auf Personen oder Sachen. *Ce qui* hat kein Bezugswort im Hauptsatz.

Je ne comprends pas **ce que** vous aimez dans ce film.
Ce qu'il a montré, c'est la vraie vie à Marseille.
Je ne sais pas **ce qu'**elle préfère.

Ce que ist immer das direkte Objet des Relativsatzes. Auf *ce que* folgt das Subjekt des Relativsatzes. Vor Vokal wird *ce que* zu *ce qu'* verkürzt. Auch *ce que* wird mit „was" übersetzt und bezieht sich nie auf Personen oder Sachen. Auch *ce que* hat kein Bezugswort im Hauptsatz.
MERKE ***ce qui*** + (Objektpronomen) + Verb
ce que + Subjekt des Relativsatzes + Verb

Qu'est-ce que tu dis? Was sagst du? Je ne comprends pas **ce que** tu dis. ..., was du sagst.

! Verwechsle nicht das Fragewort *qu'est-ce que?* mit *ce que*. Beide werden mit „was" ins Deutsche übersetzt.

Tu as tout compris? Solutions ▶ taxona
Ce qui oder *ce que*? Ergänze die Sätze.
1. Nous n'avons pas compris ? il faut faire. • 2. ? me plaît dans ce film, c'est qu' il y a des scènes très touchantes. • 3. Je ne comprends pas ? se passe. • 4. Est-ce que tu comprends ? il dit? • 5. Mon copain sait ? m'intéresse.

8 Das unregelmäßige Verb *rire* | Le verbe irregulier *rire*

▶ U1 V3, p. 22

	rire
je	ris
tu	ris
il/elle/on	rit
nous	rions
vous	riez
ils/elles	rient
impératif	Ris. Rions. Riez.
passé composé	j'ai **ri**

Dans ce film, on rit beaucoup.

Rire hat nur ein unregelmäßiges Partizip Perfekt.

Tu as tout compris? Solutions ▶ taxona

Ergänze die Sätze mit den passenden Formen des Verbs *rire*.

1. Pourquoi est-ce que tu ? tout le temps? • 2. Le film est très drôle. Nous ? beaucoup ? *(passé composé)*. • 3. Avec ma copine Emma, on ? tout le temps. • 4. Mais je ne ? pas de toi! • 5. Vous bavardez trop et vous ? trop. Arrêtez. • 6. Alex et Timo ? parce que leur copain est tombé à l'eau.

9 Das unregelmäßige Verb *suivre* | Le verbe irregulier *suivre*

▶ U1 V3, p. 22

	suivre	
Je	**suis**	un cours d'espagnol.
Tu	**suis**	des séries à la télé?
Elle	**suit**	son copain partout.
Nous	**suivons**	le conseil de ma sœur.
Vous	**suivez**	la rue jusqu'au feu rouge.
Ils	**suivent**	une voiture.
impératif	**Suis. Suivons. Suivez.**	
passé composé	**j'ai suivi**	

Das Verb *suivre* verliert in den Singularformen das *-v-* des Stamms. Die Pluralformen werden regelmäßig gebildet.

! être: **je suis** – ich bin
suivre: **je suis** – ich folge

Tu as tout compris? Solutions ▶ taxona

Ergänze die Sätze mit den passenden Formen des Verbs *suivre*.

1. Ils ? un cours de français depuis six mois. • 2. Le policier ? *(passé composé)* les gangsters jusqu'à la gare. • 3. Je ? cette série depuis le début. • 4. Tu ? ce chemin jusqu'à la plage. • 5. En été, nous ? tous les matchs au Vélodrome. • 6. Le cinéma? Vous ? cette rue jusqu'au pont. Le cinéma est là.

FAIS LE POINT 1

Hier kannst du überprüfen, was du in der *Unité 1* gelernt hast. In der Randspalte findest du den Hinweis auf den passenden Abschnitt im Grammatikheft.
Die Lösungen der Aufgaben findest du unter www.cornelsen/codes **taxona**.

1 Der Komparativ des Adjektivs

▶ G p. 8/2

Vergleiche. Bilde Sätze und verwende den Komparativ.

1. Léna et Myriam / + *grand* / Sophie.
2. L'histoire que Manuel raconte / – *intéressant* / l'histoire que tu racontes.
3. Les pantalons / + *pratique* / les jupes.
4. Le temps en septembre / + *bon* / le temps en novembre.
5. Le gâteau au chocolat / = *bon* / le gâteau aux pommes.
6. Ces tee-shirts / beaucoup / – *cher* / que les autres.

2 Der Superlativ des Adjektivs

▶ G p. 9/3

Bilde Sätze und verwende den Superlativ an der richtigen Stelle im Satz.

1. Timéo dit: Antoine Griezmann est footballeur du monde. *(++ bon)*
2. C'est la plage de la côte. *(–– dangereux)*
3. À Marseille, Pia a passé les jours de ses vacances. *(++ beau)*
4. Ils habitent dans la rue de la ville. *(++ animé)*
5. Théa et Manon sont les filles de notre classe. *(++ sérieux)*
6. C'est le film que j'ai vu. *(–– réussi)*
7. Mon livre préféré s'appelle: «La/L'histoire du monde». *(++ beau)*

3 Die reflexiven Verben

▶ G p. 10/4

Bilde Sätze.

1

Elle / *s'énerver* toujours.

2

Vous ne voulez pas / *se baigner*?

3

Après l'entraînement, / les filles / *se reposer*.

4

Tous les dimanches, / nous / *se promener* dans la forêt.

5

Ne pas / *s'inquiéter* *(impératif)*.

6

Ce soir, / je / *se coucher* tôt. →→→

4 Der Begleiter *tout*

▶ G p. 12/6

Ergänze die Sätze mit der französischen Entsprechung der Ausdrücke in Klammern.

1. Jean-Claude vend ? poissons dans les restaurants. (alle seine)
2. Anna a déjà mangé ? bouillabaisse. (die ganze)
3. Ben s'occupe ? temps des jeunes de son quartier. (die ganze)
4. ? jeunes aiment Ben. (alle)
5. ? groupe est monté à la basilique Notre-Dame de la Garde. (die ganze)
6. ? expositions au MuCEM sont intéressantes. (alle)
7. ? quartier est très animé. (das ganze)

5 Die Relativsätze mit *ce qui* und *ce que*

▶ G p. 12/7

Ergänze die Sätze mit *ce qui* **oder** *ce que / ce qu'*.

1. Mes parents ne comprennent jamais ? est intéressant pour moi.
2. ? me plaît dans ce livre, c'est qu'il y a des personnages très intéressants.
3. Est-ce que tu as compris ? il a dit?
4. Est-ce que vous avez une idée de ? on peut faire avec les correspondants?
5. Aurélie n'a vraiment pas compris ? se passe dans le film.
6. J'ai bien aimé ? Ben nous a raconté.
7. Tu sais ? je préfère à Marseille?

6 Die Verben *vivre*, *rire* und *suivre*

▶ G p. 11/5
p. 13/8
p. 14/9

Ergänze die Sätze mit der passenden Form der Verben *vivre*, *rire* **oder** *suivre*.

1. – Où est-ce que vos enfants ? ?
   – Pendant dix ans, ils ? *(passé composé)* en Allemagne, maintenant la famille de notre fille ? à côte de nous et notre fils ? au Québec.
2. Est-ce que vous ? de ce que je vous dis?
3. Fabien ? toujours quand son copain Joshua fait des mauvaises blagues.
4. Est-ce que vos enfants ? encore leurs acteurs préférés sur les réseaux sociaux?
5. Je ne sais pas si Clément ? encore son blog.
6. Nous ? *(passé composé)* cet homme pendant 15 minutes.
7. Pour aller au Vieux-Port, vous ? cette rue.

10 Das *imparfait* | L'imparfait

▶ M1 p. 32

Wie in anderen Sprachen gibt es auch im Französischen mehrere Zeitformen des Verbs, mit denen du über Vergangenes berichten kannst. Hier lernst du das *imparfait* kennen. Im Unterschied zum ***passé composé*** *(j'ai fait)* besteht das *imparfait (je faisais)* nur aus einer Verbform.

		regarder	finir	attendre	avoir	être
nous regard~~ons~~	j'/je	regard**ais**	finiss**ais**	attend**ais**	av**ais**	ét**ais**
nous finiss~~ons~~	tu	regard**ais**	finiss**ais**	attend**ais**	av**ais**	ét**ais**
nous attend~~ons~~	il/elle/on	regard**ait**	finiss**ait**	attend**ait**	av**ait**	ét**ait**
nous av~~ons~~	nous	regard**ions**	finiss**ions**	attend**ions**	av**ions**	ét**ions**
	vous	regard**iez**	finiss**iez**	attend**iez**	av**iez**	ét**iez**
	ils/elles	regard**aient**	finiss**aient**	attend**aient**	av**aient**	ét**aient**

Du bildest das *imparfait* mit dem Stamm der 1. Person Plural Präsens. An diesen Stamm hängst du die *imparfait*-Endungen (***-ais***, ***-ais***, ***-ait***, ***-ions***, ***-iez***, ***-aient***) an.
Nur das Verb *être* hat einen unregelmäßigen *imparfait*-Stamm: *ét-*.
MERKE ***Imparfait:***
Stamm der 1. Person Plural Präsens + *imparfait*-Endungen (***-ais***, ***-ais***, ***-ait***, ***-ions***, ***-iez***, ***-aient***)

! manger → nous mangeons → je mangeais, nous mangions
prendre → nous prenons → je prenais, nous prenions
commencer → nous commençons → je commençais, nous commencions

À l'époque des Romains, on **regardait** les combats de gladiateurs.
Le Palais des papes **servait** de forteresse.
Au 19e siècle, il y **avait** des forêts.
C'**était** un joli petit village. C'**était** moins touristique.

Du verwendest das *imparfait*, um zu beschreiben, wie es früher war, um Gewohnheiten und Handlungen zu beschreiben, die sich in der Vergangenheit wiederholt haben. Das *imparfait* antwortet auf die Fragen: Wie war es damals?, Was gab es damals?, Was hat man damals immer gemacht?, Was geschah häufig oder regelmäßig?

Tu as tout compris?

Solutions ▶ taxona

a Bilde die richtigen Formen des *imparfait*.
1. vous *(faire)* • 2. il *(être)* • 3. nous *(dire)* • 4. tu *(manger)* • 5. je *(vouloir)* • 6. elles *(descendre)* • 7. ils *(avoir)* • 8. nous *(être)* • 9. on *(finir)* • 10. je *(devoir)*

b Setze die folgenden Sätze ins *imparfait*.
1. Il fait beau. • 2. C'est drôle. • 3. Le Palais des papes sert à la fois de forteresse et de palais. • 4. Le dimanche, je rencontre toujours mes amis à la plage. • 5. Est-ce que vous mangez à la cantine tous les jours? • 6. Tu vois la mer de ta chambre? • 7. Il y a beaucoup de boulangeries, il y a des artisans qui vendent des produits originaux.

11 Das *imparfait* und das *passé composé* | L'imparfait et le passé composé

▶ U2 V1, p. 36

J'étais prête, quand ma corres est sortie de sa chambre avec son pull.

Wenn du von Ereignissen und Handlungen berichtest, die in der Vergangenheit stattgefunden haben, verwendest du im Französischen *imparfait* und *passé composé*. Jede Zeitform hat dabei ihre bestimmte Aufgabe.

11.1 *Passé composé*

Tout à coup, mon corres a frappé à la porte et il a demandé: «Wann gehen wir shoppen?». J'ai voulu dire «dans une heure» mais j'ai dit «ein Uhr» au lieu de «eine Stunde» et du coup mon corres a compris «um ein Uhr».

Mehrere Handlungen folgten aufeinander. Die eine Handlung begann, als die vorangehende schon abgeschlossen war (Handlungskette). Diese aufeinanderfolgenden Handlungen und Ereignisse schilderst du im *passé composé*.

il a frappé → il a demandé → j'ai voulu dire → j'ai dit → il a compris

11.2 *Imparfait*

Un samedi, il pleuvait, je chattais avec des copains et j'avais envie de rester encore au lit.

Handlungen, die in der Vergangenheit gleichzeitig verliefen, schilderst du im *imparfait*.

~~~> il pleuvait
~~~> je chattais
~~~> j'avais envie

MERKE

Handlungskette → *passé composé*:
Hier, Adrien a mangé, puis il a fait ses devoirs. Après, il a écouté de la musique.

Gleichzeitigkeit → *imparfait*:
Adrien mangeait, écoutait de la musique et faisait ses devoirs.
~~~

11.3 *Imparfait* und *passé composé* im Satz

Les autres étaient déjà dans l'eau, quand je suis arrivée.

Während eine Handlung schon verlief (*les autres étaient déjà dans l'eau*), setzt eine neue Handlung (*je suis arrivée*) ein. Zur Schilderung der schon verlaufenden Handlung verwendest du das *imparfait*, für die neu einsetzende Handlung das *passé composé*.

je suis arrivée

les autres étaient dans l'eau

11.4 *Imparfait* und *passé composé* im Text

In einem Text, der Vergangenes erzählt, wechseln sich *imparfait* und *passé composé* ab.

Hintergrund: Beschreibung (Zustand, bestehende Situation, Kommentar) imparfait	Vordergrund: Handlung (Ereignis, Aktion) passé composé
C'était au début du mois de juillet. Il y avait encore trois semaines de classe, mais comme il faisait très chaud, on avait souvent «Hitzefrei».	
Alors, on allait souvent au bord d'un lac. →	Un jour, je suis arrivée
quand les autres étaient déjà dans l'eau, →	j'ai voulu les rejoindre, mais j'ai glissé et je suis tombée. J'ai tout de suite eu très mal au pied. On a appelé la mère de mon corres qui est venue me chercher en voiture.
Ma jambe était cassée →	et on a dû aller à l'hôpital!
J'étais malheureuse parce que je ne pouvais plus me baigner dans le lac.	

Mit dem *passé composé* schilderst du die eigentliche Handlung (den Vordergrund) der Erzählung. Das können neu einsetzende Handlungen oder Handlungsketten sein. Mit dem *passé composé* antwortest du auf die Fragen „Was ist passiert?", „Was geschah dann?".
Das *imparfait* gibt die Hintergrundinformationen wieder. Es beschreibt eine Situation oder einen Zustand, die schon vor oder auch während der eigentlichen Handlung bestanden. Mit dem *imparfait* antwortest du auf die Fragen „Was war schon?", „Wie war es?".

→→→

Nach den folgenden Signalwörtern ist häufig das *imparfait* zu erwarten:

autrefois	früher
avant	vorher
souvent	oft
d'habitude	normalerweise
toujours	immer
le matin / le soir	morgens/abends
l'après-midi	nachmittags
tous les jours/matins/soirs	jeden Tag/Morgen/Abend
le lundi / le mardi	montags/dienstags

1 **la bille** die Murmel

Für die folgenden Zustandsbeschreibungen (z. B. Wetter, Stimmung) oder für Kommentare verwendest du ebenfalls das *imparfait*.

Il pleuvait.	Es regnete.
Il faisait froid.	Es war kalt.
J'étais étonné/prêt/malade/heureux.	Ich war erstaunt/fertig/krank/glücklich.
C'était le stress/dur/normal/tôt/super.	Das war stressig/hart/normal/früh/super.
C'était ennuyeux/sympa/nul/intéressant.	Das war langweilig/nett/doof/interessant.

Nach den folgenden Signalwörtern ist häufig das *passé composé* zu erwarten:

tout à coup	plötzlich
tout de suite	sofort
d'abord	zuerst
ensuite	danach, anschließend
puis	dann
à (huit) heures	um (acht) Uhr
un jour	eines Tages
une heure après	eine Stunde später

Tout à coup, le portable a sonné.

Tu as tout compris?

Solutions ▶ taxona

Imparfait oder *passé composé*? Ergänze die Sätze mit der passenden Zeitform der Verben.

1. Un jour, nous *(aller)* à Mayence. Il *(faire)* froid et il *(pleuvoir)*. Ce/C' *(être)* nul.
2. Mardi, les filles *(rentrer)* de l'école à 13 heures. Elles *(manger)*, ensuite elles *(ranger)* leurs chambres et après, elles *(rejoindre)* des copains dans un parc.
3. Je/J' *(être)* dans ma chambre, sur mon lit. Je *(lire)*, et je/j' *(écouter)* de la musique quand tous mes copains *(arriver)*. Surprise!
4. Thomas *(être)* dans une librairie et *(regarder)* des BD. Tout à coup, son portable *(sonner)*.
5. Philippe et son frère *(être)* chez eux, ils *(s'ennuyer)* quand leur copain Hugo *(arriver)*. Ils *(regarder)* un film ensemble.

12 Die Verben auf *-indre* | Les verbes en *-indre*

▶ U2 V1, p. 36

	rejoindre		se plaindre	
je	rejoins	je	me	plains
tu	rejoins	tu	te	plains
il/elle/on	rejoint	il/elle/on	se	plaint
nous	rejoi**gn**ons	nous	nous	plai**gn**ons
vous	rejoi**gn**ez	vous	vous	plai**gn**ez
ils/elles	rejoi**gn**ent	ils/elles	se	plai**gn**ent

impératif	Rejoins. Rejoi**gn**ons. Rejoi**gn**ez.	impératif	Plains-toi. Plai**gn**ons-nous. Plai**gn**ez-vous.
imparfait	je rejoi**gn**ais	imparfait	je me plai**gn**ais
passé composé	j'ai rejoint	passé composé	il **s'est plaint**

In den drei Pluralformen der Verben auf *-indre* steht vor der Verbendung ***-gn-*** anstelle von *-n-*.

Tu as tout compris? Solutions ▶ taxona

a Ergänze die Sätze mit der passenden Form von *rejoindre*.
1. Vous nous ? à la gare. • 2. Nous ? le groupe plus tard. • 3. Je vous ? dans dix minutes. • 4. Tu nous ? dans le parc après les cours? • 5. Paul nous ? samedi à Francfort. • 6. Les filles ? les autres dans l'eau.

b Ergänze die Sätze mit der passenden Form von *se plaindre*.
1. – Tu ? tout le temps. – Mais, écoute. Je ne ? pas. • 2. – Est-ce que Alice et Paul ? *(passé composé)* de leur séjour en Allemagne? – Mais non, ils ne ? jamais. • 3. – De quoi est-ce que vous ? ? – Nous ? parce qu'il fait froid.

13 Die Adverbien auf *-ment* | Les adverbes en *-ment*

▶ U2 V2, p. 42

typique → typique**ment**
rapide → rapide**ment**
normal/e → normale**ment**
final/e → finale**ment**
long/longue → longue**ment**

heureux/heureuse → heureuse**ment**
malheureux/malheureuse → malheureuse**ment**
sérieux/sérieuse → sérieuse**ment**
dangereux/dangereuse → dangereuse**ment**

Du kennst schon einige Adverbien, z. B. *assez, aussi, beaucoup, très, trop, vite*. Man nennt sie die ursprünglichen Adverbien.
Adverbien kannst du auch von Adjektiven ableiten. Um ein Adverb zu bilden, hängst du an die feminine Form des Adjektivs die Endung ***-ment*** an.
Denke dabei an die besondere feminine Form einiger Adjektive, z. B. *sérieux/sérieuse*.

MERKE
feminine Form des Adjektivs + ***-ment*** = Adverb

→→→

bon/bonne → **bien**
mauvais/mauvaise → **mal**
meilleur/e → **mieux**
vrai/vraie → **vraiment**
gentil/gentille → **gentiment**
courant/courante[1] → **couramment**
différent/différente → **différemment**
énorme → **énormément**

1 **courant/e** gängig, üblich

❗ Von einigen Adjektiven werden unregelmäßige Adverbien abgeleitet.

Im Französischen haben Adjektiv und Adverb unterschiedliche Formen (*dangereux – dangereusement*). Im Deutschen kann man Adjektiv und Adverb nicht immer voneinander unterschieden.

Souvent, les Allemands travaillent **de manière autonome.**
Oft arbeiten die Deutschen selbstständig.

❗ Nicht von jedem französischen Adjektiv kann man ein Adverb ableiten. Anstelle eines Adverbs verwendest du in diesen Fällen die Struktur ***de manière*** + Adjektiv.

Tu as tout compris? Solutions ▶ taxona
Bilde zu den folgenden Adjektiven die passenden Adverbien.
bon • calme • difficile • normal • sérieux • spécial • dangereux • sûr • énorme • seul • mauvais • facile • heureux • long • rapide • typique

14 Die reflexiven Verben im *passé composé* | Les verbes pronominaux au passé composé

▶ U2 V2, p. 42

Jérémy **se lève** tôt.	Charlotte **se lève** tôt.
Les garçons **se promènent**.	Les filles **se promènent**.

Du kennst schon die reflexiven Verben, die immer mit einem Pronomen verbunden sind, dem Reflexivpronomen. ▶ p. 10/4
Das Reflexivpronomen steht immer direkt vor dem Verb.

Jérémy **s'est levé** tôt.
Les garçons **se sont promenés**.
Les garçons ne **se sont** pas **baignés**.

Charlotte **s'est levée** tôt.
Les filles **se sont promenées**.
Les filles ne **se sont** pas **baignées**.

Reflexive Verben bilden das *passé composé* mit dem Hilfsverb *être*. Deshalb musst du das Partizip Perfekt in Genus und Numerus dem Subjekt angleichen. Das kennst du schon von anderen Verben (z. B. *aller*, *arriver* usw.). ► p. 76/55.4
Im *passé composé* steht das Reflexivpronomen immer direkt vor dem Hilfsverb und innerhalb der Verneinungsklammer.

Bezieht sich ein Partizip Perfekt zugleich auf feminine und maskuline Personen oder Sachen, verwendest du die maskuline Form des Partizips.

Lola:	Hier soir, mes copines sont venues.	**On** s'est bien amusées.
Arthur:	Hier soir, mes copains sont venus.	**On** s'est bien amusés.
Arthur et Lola:	Hier soir, nos copains et copines sont venus.	**On** s'est bien amusés.

Wenn ***on*** für ***nous*** steht, musst du darauf achten, wer spricht und wer gemeint ist, um herauszufinden, ob *on* für eine feminine, eine maskuline oder eine gemischte Gruppe steht. Du musst dann das Partizip dementsprechend angleichen.

Verben, die im passé composé das Hilfsverb „être" haben:
Alle **reflexiven Verben** und **aller**, **arriver**, **descendre**, **entrer**, **monter**, **partir**, **rentrer**, **rester**, **retourner**, **sortir**, **tomber**, **venir**.

Tu as tout compris?

Solutions ► taxona

Wer hat diese Sätze geschrieben: *Charlotte*, *Martin*, *Charlotte et Pia* oder *Martin et Antoine*?

1. Je me suis sentie très bien dans la famille de Pia. • 2. Nous nous sommes promenés pendant trois heures. • 3. Nous nous sommes promenées dans le parc. • 4. Je ne me suis pas ennuyé. • 5. Le matin, je me suis dépêchée. • 6. Après les cours, je me suis reposé un peu. • 7. Nous nous sommes baignées dans la mer.

Auf einen Blick: Die reflexiven Verben

Diese reflexiven Verben kennst du bereits:

se lever	se coucher	s'installer	s'inquiéter	se reposer
se plaindre	s'ennuyer	se passer	se trouver	s'identifier à qn/qc
se développer	s'amuser	se débrouiller	s'entendre	s'occuper de qn/qc
s'embrasser	se dépêcher	s'énerver	se promener	se baigner

15 Ersatzformen für das deutsche Passiv | Les formes qui remplacent le passif allemand

► U2 V3, p. 47

C'est une spécialité française qui **se vend** dans des petits pots.
Das ist eine französische Spezialität, die in kleinen Bechern verkauft wird.

On ne **mange** pas le petit Suisse dans le pot.
Der *petit Suisse* wird nicht aus dem Becher gegessen.

Le «Schnellhefter» **se range** dans le sac.
Der Schnellhefter wird in die Tasche geräumt.

Im Französischen werden Passivsätze viel seltener verwendet als im Deutschen. Statt eines deutschen Passivsatzes verwendest du einen Aktivsatz mit einem reflexiven Verb (hier: *se vendre, se ranger*) oder einen Aktivsatz mit dem Subjekt *on* (hier: *on mange*).

1 **prononcer** aussprechen

Tu as tout compris?

Solutions ► taxona

Übersetze ins Französische und verwende dabei einen Aktivsatz mit *on* oder ein reflexives Verb.

1. Hier wird Französisch gesprochen. • 2. Der Infinitiv *plaire* wird ohne *accent* geschrieben. • 3. Das *h-* in *habiter* wird nicht ausgesprochen[1]. • 4. Der *petit Suisse* wird als Dessert gegessen. • 5. Die Blätter werden dann in den Ordner geräumt.

1 **aussprechen** prononcer

Hier kannst du überprüfen, was du in der *Unité 2* gelernt hast. In der Randspalte findest du den Hinweis auf den passenden Abschnitt im Grammatikheft.
Die Lösungen der Aufgaben findest du unter www.cornelsen/codes **taxona**.

1 *Imparfait* und *passé composé*

▶ G p. 18–19/11

Bilde nach den vorgegebenen Schemata Sätze.
Verwende die Verben in der passenden Zeitform (*passé composé* oder *imparfait*).

1. Hier soir / Alex *rentrer* vers 20 h / d'abord *manger* / ensuite *aider* ses parents / puis *faire* ses devoirs / après *aller* au lit.

2. Samedi / il ne pas *pleuvoir* / mes parents *travailler* dans le jardin / ma sœur *jouer* à l'ordinateur / je *préparer* une interro.

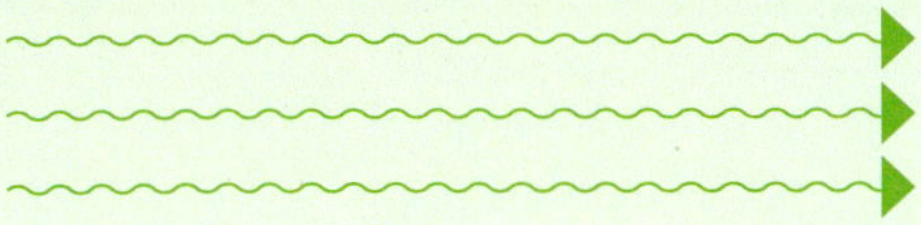

3. On / *regarder* la télé / le voisin *sonner*.

4. Je/J' *être* étonnée / mais je/j' *prendre* la clé de la voiture / je/j' *mettre* mes chaussures et je/j' *aller* au parking.

2 Die Verben auf *-indre*

▶ G p. 21/12

Ergänze die Sätze mit den passenden Formen der Verben *rejoindre* (a) und *se plaindre* (b).

a 1. Tous les après-midi, on ? *(imparfait)* les copains de ma corres dans le parc. • 2. Après deux jours, je/j' ? *(passé composé)* mon groupe à Paris. • 3. – Vous nous ? demain? – Non, nous vous ? mercredi. • 4. À plus! On vous ? à midi.

b 1. Les élèves ? *(passé composé)* des profs. • 2. Les élèves ? toujours des devoirs. Autrefois, ils ne ? *(imparfait)* jamais. • 3. Notre prof ? parce que nous ne travaillons pas assez. • 4. C'est vrai? Vous ? de vos voisins?

3 Die Adverbien auf *-ment*

▶ G p. 21/13

Bilde zu den angegebenen Adjektiven die passenden Adverbien und setze sie an die richtige Stelle im Satz.

1. Il parle français. *(courant)*
2. Elle m'a laissé sa chambre. *(gentil)*
3. Le marché de Noël est très joli, là-bas. *(vrai)*
4. J'ai commencé à parler français. *(rapide)* *(2 Lösungsmöglichkeiten)*
5. Je me suis très bien entendu avec mon corres. *(heureux)* *(2 Lösungsmöglichkeiten)*
6. Au début, c'était ennuyeux, mais on s'est amusés. *(final)* *(bon)* *(2 Lösungsmöglichkeiten)*

→→→

4 Die reflexiven Verben Im *passé composé*

▶ G p. 22/14

Ergänze die Sätze mit den angegebenen Verben im *passé composé*. Denke an die Angleichung des Partizips.

1. Clara: L'après-midi, Tim et moi, nous ? et le soir, nous ? dans le lac. *(se promener / se baigner)*
2. Léna et ses copines ? alors elles sont arrivées en retard. *(ne pas / se dépêcher)*
3. Laura: Hier soir, je ? trop tard. *(se coucher)*
4. Paul, tu ? hier soir? *(s'amuser)*
5. – Les enfants, vous ? bien ? ? – Non, nous ? un peu ? . *(s'amuser / s'ennuyer)*
6. Notre prof de maths ? très souvent ? de nous. *(s'énerver)*
7. Quand est-ce que vous ? ce matin? *(se lever)*
8. Les enfants sont revenus tard hier soir et leurs parents ? vraiment ? . *(s'inquiéter)*
9. Au début, Myriam a eu des problèmes au collège en France. Mais enfin elle ? bien ? . *(se débrouiller)*

5 Ersatzformen für das deutsche Passiv

▶ G p. 24/15

Wie sagst du das auf Französisch? Verwende einen Aktivsatz mit *on* oder einem reflexiven Verb.

1. Wie wird das Wort *le vasistas* ausgesprochen[1]?
2. Wie wird das gemacht?
3. Wird in Belgien auch Deutsch gesprochen?
4. Im Schnellhefter werden auch gelochte Blätter (= Blätter mit Löchern) eingeordnet.
5. Konzertkarten werden oft im Internet gekauft.
6. Marmelade wird zum Frühstück gegessen.
7. Der *petit Suisse* wird nur in Frankreich verkauft.
8. Wie wird das französische Wort für „Weihnachten" geschrieben?
9. In Deutschland wird Weihnachten am 24. Dezember gefeiert.

1 aussprechen prononcer

16 Der Teilungsartikel | L'article partitif

▶ M2 p.58

Elle prend encore	**du**	fromage.	Sie nimmt noch ■ Käse.
Ils mangent	**de la**	salade.	Sie essen ■ Salat.
Il veut boire	**de l'**	eau.	Er möchte ■ Wasser trinken.
Elles mangent	**des**	céréales.	Sie essen ■ Frühstücksflocken.

Du weißt schon, wie du im Französischen Mengen vor einem Nomen angibst: *une bouteille **de** coca* – „eine Flasche Cola", *beaucoup **de** farine* – „viel Mehl". ▶ p.69/52
Wenn du aber vor einem Nomen keine bestimmte Menge angeben willst (z. B. „Ich kaufe Wasser.") musst du im Französischen den Teilungsartikel verwenden. Der Teilungsartikel hat die gleiche Form wie der zusammengezogene Artikel mit der Präposition *de*: ***du**, **de la**, **de l'**, **des***. ▶ p.68/51.2 Im Deutschen gibt es keinen Teilungsartikel. Da, wo im Französischen ein Teilungsartikel mit Nomen steht, steht im Deutschen das Nomen alleine.

de + le = **du**
de + les = **des**
▶ p.68/51.2

Teilungsartikel

– On a encore du lait?
– Tu achètes de l'eau minérale?
– Elle mange de la viande?
– Tu as acheté des céréales?

Mengenangabe

– Oui, on a encore deux litres de lait.
– Oui, j'achète six bouteilles d'eau minérale.
– Non, elle ne mange pas de viande.
– Oui, j'ai acheté beaucoup de céréales.

! Verwechsle nicht Teilungsartikel und Mengenangaben. Wenn du eine Menge vor einem Nomen angibst, verwendest du nur ***de***. Wenn du keine Menge angibst, verwendest du den Teilungsartikel: ***du**, **de la**, **de l'**, **des***.

Tu as tout compris? Solutions ▶ taxona

Ergänze mit der richtigen Form des Teilungsartikels.

1. – Qu'est-ce qu'il faut encore pour ce soir? – Il faut ? baguettes, ? eau, ? charcuterie, ? salade, et ? fromage. • 2. Pour faire un gratin, il faut ? pommes de terre, ? lait, ? beurre, ? sel et ? crème. • 3. – Est-ce que vos enfants font ? musique? – Oui, ils font ? guitare et ? piano, tous les deux. • 4. Dans ma famille, tout le monde aime manger ? épinards. Mon secret: J'ai une super recette.

17 Das Pronomen *en* (partitiv) | Le pronom *en* (partitif)

▶ M2 p.58

– Tu connais le programme Sauzay? – Oui, je **le** connais.
– Lukas, tu aimes les crêpes? – Oui, je **les** adore.

Du weißt schon, dass du direkte Objekte durch direkte Objektpronomen ersetzen kannst.
▶ p.72/54.2

→→→

– Tu veux encore de la charcuterie?	– Non, merci, j'**en** ai assez. Nein danke, ich habe genug (davon).
– Tu prends du fromage de chèvre?	– Oui, j'**en** prends. Ja, ich nehme davon.
– Tu as acheté de l'eau?	– Oui, j'**en** ai acheté. Ja, ich habe welches gekauft.
– Tu veux encore des crêpes?	– Non, merci, je n'**en** veux plus. Nein danke, ich möchte keine mehr.
– Est-ce que tu fais encore de la guitare?	– Non, je n'**en** fais plus. Nein, mache ich nicht mehr.

Steht vor dem direkten Objekt ein **Teilungsartikel** (*du, de la, de l', des*), dann ersetzt du das direkte Objekt mit dem Pronomen ***en***. *En* wird sehr unterschiedlich ins Deutsche übersetzt, z. B. mit „davon", „welchen/welche/welches". Im verneinten Satz wird es mit „keinen/keine/keines" übersetzt. Häufig wird *en* gar nicht ins Deutsche übersetzt.

– J'ai fait une salade. Lukas, tu **en** veux?	– Oui, j'**en** prends encore un peu. Ja, ich nehme noch ein bisschen (davon).
– Est-ce que vous faites des crêpes en Allemagne?	– Oui, on **en** fait beaucoup. Ja, wir machen viele (davon).
– Tu as des chats?	– Oui, j'**en** ai deux. Ja, ich habe zwei.
– Est-ce que tu vas faire des frites, aujourd'hui?	– Non, je ne vais pas **en** faire. Nein, ich werde keine machen.

Steht vor dem Nomen ein **unbestimmter Artikel** (*un, une, des*), dann ersetzt du das direkte Objekt ebenfalls mit dem Pronomen ***en***. Zusätzlich zu *en* kannst du Zahlwörter oder Mengenangaben verwenden. In diesen Fällen übersetzt du *en* nicht ins Deutsche. Im verneinten Satz wird auch in diesen Fällen *en* mit „keinen/keine/keines" übersetzt.
En ist unveränderlich. Wie die Objektpronomen steht *en* immer vor dem konjugierten Verb und innerhalb der Verneinungsklammer. Nur in einem Satz mit *futur composé* oder einem Modalverb steht *en* vor dem Infinitiv.

MERKE *du / de la / de l' / des* + Nomen
un/une/des + Nomen | wird ersetzt durch ***en***

Häufig verwendete Ausdrücke mit *en*:

Je n'en peux plus.	Ne t'en fais pas.	J'en ai assez.	Elle m'en veut.
Ich kann nicht mehr.	Mach dir nichts draus.	Ich habe es satt.	Sie ist mir böse.

Tu as tout compris? Solutions ▶ taxona

Wofür steht *en* in den folgenden Sätzen?
1. Aujourd'hui, au marché, il y avait du fromage de chèvre. J'en ai acheté beaucoup. • 2. Est-ce qu'il y a encore des glaces? Je peux en avoir une? • 3. Madame Martin a fait un gratin, ce soir. J'en ai trop mangé. • 4. Il reste encore du riz. Qui en veut?

18 Die Mengenangaben mit *plus de, autant de, moins de* | Les quantifiants avec *plus de, autant de, moins de*

▶ U3 V1, p. 62

En été, il fait **plus de** trente degrés. ... mehr als (dreißig Grad)
Valentine a **autant d'**amis à Montréal qu'à Toulouse. ... genauso viele (Freunde ... wie ...)
À Tadoussac, il y a **moins d'**habitants qu'à Montréal. ... weniger (Einwohner als ...)

Du kennst schon Mengenangaben mit *de* (z. B. *beaucoup de*). ▶ p. 69/52
Wenn du Mengen miteinander vergleichen willst, verwendest du *plus de, autant de, moins de*.

Tu as tout compris? Solutions ▶ taxona

Vergleiche. Verwende (+) *plus de ... que*, (=) *autant de ... que*, (–) *moins de ... que*.

1. Au Canada, / il y a / – habitants / en France.
2. En hiver, / il y a / – touristes à Montréal / en été.
3. Mes cousins / ont / = animaux à la maison / nous.
4. Ma copine / a fait / + fautes / moi.
5. Au Québec, / il y a beaucoup / + jeunes qui jouent au hockey sur glace / en France.
6. Est-ce que ton frère fait / = sport / toi?
7. En Allemagne, il y a / + habitants / en France.

19 Die Frage mit *qu'est-ce qui ...?, qui est-ce qui ...?* und *qui est-ce que ...?* | L'interrogation avec *qu'est-ce qui ...?, qui est-ce qui ...?* et *qui est-ce que ...?*

▶ U3 V1, p. 62

– **Qui est-ce qui** habite à Tadoussac?
Wer lebt in Tadoussac?
– William habite à Tadoussac.

– **Qui est-ce que** Kimi admire?
Wen bewundert Kimi?
– Elle admire le chanteur Samian.

Mit den Fragewörtern *qui est-ce qui?* und *qui est-ce que?* fragst du nach Personen. Deshalb steht am Anfang des Frageworts ***qui***.
Mit ***qui est-ce qui?*** fragst du nach dem Subjekt des Satzes („Wer?"), mit ***qui est-ce que?*** fragst du nach dem direkten Objekt des Satzes („Wen?"). Der Unterschied zwischen den beiden Fragewörtern besteht also nur in dem ... *qui* oder ... *que* am Ende des Frageworts.

– **Qu'est-ce qui** était nouveau pour Valentine?
Was ...?
– La nourriture, la langue ...

– **Qu'est-ce que** tu regardes?
Was ...?
– Je regarde un film sur Montréal.

Mit den Fragewörtern *qu'est-ce qui?* und *qu'est-ce que?* fragst du nach Sachen. Deshalb steht am Anfang des Frageworts ***que***.
Mit ***qu'est-ce qui?*** fragst du nach dem Subjekt des Satzes, mit ***qu'est-ce que?*** fragst du nach dem direkten Objekt des Satzes. Beide Fragewörter werden mit „Was?" übersetzt, weil im Deutschen nicht unterschieden wird, ob man nach dem Subjekt oder dem Objekt fragt.

→→→

MERKE

Frage nach Personen: vorne *qui*	Qui est-ce qui …?	Wer …?	Frage nach dem Subjekt: hinten	*qui*
	Qui est-ce que …?	Wen …?	Frage nach dem Objekt: hinten	*que*
Frage nach Sachen: vorne *que*	Qu'est-ce qui …?	Was …?	Frage nach dem Subjekt: hinten	*qui*
	Qu'est-ce que …?	Was …?	Frage nach dem Objekt: hinten	*que*

Qui vorne fragt nach Personen, *que* vorne fragt nach Sachen. Aber woher weiß ich, ob hinten *qui* oder *que* steht?

Ich merk' mir das so: Nach *que* steht immer ein Subjekt, nach *qui* nie!!! Nach *qui* steht ein Verb oder ein Objektpronomen mit Verb.

Tu as tout compris? Solutions ▶ taxona

Ergänze mit den Fragewörtern *qui est-ce qui*, *qui est-ce que* oder *qu'est-ce qui*.

1. ? a décidé de partir à Montréal? • 2. ? Valentine connaît déjà à Montréal? • 3. ? lui plaît à Montréal? • 4. ? Valentine a invité? • 5. ? est important pour elle? • 6. ? parle français au Canada? • 7. ? s'est passé hier? • 8. ? habite à Kipawa? • 9. ? te dérange?

20 Die Bruchzahlen | Les fractions

▶ U3 V1, p. 62

1/2	un **demi**	2/2	deux demis
1/3	un **tiers** !	2/3	deux tiers
1/4	un **quart**	3/4	trois quarts
1/5	un cinq**u**ième	3/5	trois cinq**u**ièmes
1/6	un sixième	5/6	cinq sixièmes

Zähler / Nenner

Den Zähler einer Bruchzahl gibst du mit einer Grundzahl an. Den Nenner gibst du mit einer Ordnungszahl an. Ausnahmen: ***un demi***, ***un tiers***, ***un quart***. Ist der Zähler größer als 1, steht der Nenner im Plural (z. B. *quatre cinquièmes*).

1 1/2 un **et** demi   1 3/4 un (et) trois quarts   2 1/5 deux (et) un cinquième

Nach einer ganzen Zahl (*un, deux, trois, …*) schließt du *demi* immer mit *et* an. Andere Brüche kannst du mit oder ohne *et* anschließen.

les deux tiers des femmes
zwei Drittel der Frauen

les trois quarts des touristes
drei Viertel der Touristen

Vor Brüchen, auf die eine Ergänzung folgt und deren Zähler größer ist als 1, steht häufig der bestimmte Artikel im Plural.

Tu as tout compris? Solutions ▶ taxona

Schreibe die Bruchzahlen aus und lies sie laut.

1. 1/3 • 2. 2/3 • 3. 3/5 • 4. 1/2 • 5. 1/4 • 6. 2 1/2 • 7. 3/4 • 8. 3 1/8 • 9. 4/5 • 10. 1/6 • 11. 1/10

21 Der Infinitivsatz mit *avant de* | La phrase infinitive avec *avant de*

▶ U3 V2, p. 67

Il nous reste seulement deux jours **avant de reprendre** l'avion pour Toulouse.
Es bleiben uns nur noch zwei Tage, bevor wir das Flugzeug zurück nach Toulouse nehmen.

Avant de continuer, Valentine a voulu aller seule dans la forêt.
Bevor sie weitergefahren ist, wollte Valentine alleine in den Wald gehen.

Mit *avant de* kannst du Infinitivsätze bilden. Mit dem Infinitivsatz beschreibst du eine Handlung, die nach einer anderen Handlung stattgefunden hat, die im Hauptsatz steht. Infinitivsätze mit *avant de* übersetzt du meistens mit einem Nebensatz ins Deutsche.

Elle **va faire** ses devoirs avant d'aller à la piscine.	futur composé
Elle **a fait** ses devoirs avant d'aller à la piscine.	passé composé
Tous les samedis, elle **faisait** ses devoirs avant d'aller à la piscine.	imparfait

Einen Infinitivsatz mit *avant de* kannst du mit einem Hauptsatz in unterschiedlichen Zeitformen kombinieren.

Tu as tout compris? Solutions ▶ taxona
Bilde eine Satzkette. Verwende *avant de* + Infinitiv und das *passé composé*.
Exemple: Avant de sortir, j'ai fait les devoirs.
sortir • faire les devoirs • jouer au hockey sur glace • écouter les musiciens au Mont-Royal • magasiner • manger • retrouver mes parents • regarder un film à la télé • rentrer.

22 Die Indefinitpronomen *tout* und *tous/toutes* | Les pronoms indéfinis *tout* et *tous/toutes*

▶ U3 V2, p. 67

22.1 *tout*

Subjekt	Objekt
Tout était blanc. Alles war weiß.	Je ne fais pas **tout**. Ich mache nicht alles.
Tout m'a plu. Alles hat mir gefallen.	Il a déjà **tout** fait. Er hat schon alles gemacht.
Tout n'était pas prêt. Alles war nicht fertig.	Je ne vais pas **tout** faire. Ich werde nicht alles machen.

Das Indefinitpronomen *tout* („alles“) ist unveränderlich. Es kann Subjekt und Objekt des Satzes sein – wie „alles“ im Deutschen. *Tout* (Objekt) steht im verneinten Satz immer hinter *pas* und in den zusammengesetzten Zeiten vor dem Partizip bzw. Infinitiv. →→→

22.2 *tous/toutes*

	Objekt	Subjekt
Mes copains?	Je les invite **tous**. Ich lade sie alle ein. Je **ne** les invite **pas** **tous**. Ich lade sie nicht alle ein.	**Tous** viennent. / Ils viennent **tous**. Alle kommen. / Sie kommen alle.
Mes copines?	Je les invite **toutes**. Ich lade sie alle ein. Je **ne** les invite **pas** **toutes**. Ich lade sie nicht alle ein.	**Toutes** viennent. / Elles viennent **toutes**. Alle kommen. / Sie kommen alle.

Tous/Toutes bedeutet „alle" und hat im Unterschied zum Deutschen eine maskuline und eine feminine Form. *Tous/Toutes* kann Subjekt und Objekt des Satzes sein. Im verneinten Satz steht *tous/toutes* immer hinter *pas*.

Tu as tout compris? Solutions ▶ taxona

Ergänze die Sätze mit *tout*, *tous* oder *toutes*.

1. ? m'a beaucoup plû. • 2. J'ai bien aimé les chiens. Ils étaient ? très beaux. • 3. On a vu des baleines qui étaient ? vraiment énormes. • 4. Mon père a proposé une petite balade et ? sont venus. • 5. La poutine? C'était délicieux, mais on n'a pas pu ? manger. • 6. – Tu as ? compris? – Oui, j'ai ? compris.

23 Das unregelmäßige Verb *courir* | Le verbe irrégulier *courir*

▶ U3 V2, p. 67

	courir	
Je ne	**cours**	plus.
Tu	**cours**	jusqu'à la gare.
Il	**court**	à côté des chiens.
Nous	**courons**	pour arriver à l'heure.
Vous	**courez**	avec nous?
Les chiens	**courent**	vite.
impératif	**Cours. Courons. Courez.**	
imparfait	je **courais**	
passé composé	j'ai **couru**	

Das unregelmäßige Verb *courir* hat ein Partizip Perfekt auf *-u*: *couru*.
! Das *passé composé* von *courir* wird mit *avoir* gebildet: *j'ai couru* (aber: ich bin gerannt).

Tu as tout compris? Solutions ▶ taxona

Ergänze die Sätze mit den passenden Formen des Verbs *courir*.

1. Nous ? chaque jour contre la montre. • 2. Max ? très vite. • 3. Vous ? avec nous jusqu'à la station? • 4. Je/J' ? *(passé composé)* à côté des chiens. • 5. Pourquoi est-ce que tu ? ? Il ne faut pas se dépêcher!

24 Die unregelmäßigen Verben *conduire* und *construire* | Les verbes irréguliers *conduire* et *construire*

▶ U3 V2, p. 67

	conduire		**construire**
je	conduis	je	construis
tu	conduis	tu	construis
il/elle/on	conduit	il/elle/on	construit
nous	conduisons	nous	construisons
vous	conduisez	vous	construisez
ils/elles	conduisent	ils/elles	construisent
impératif	Conduis. Conduisons. Conduisez.	impératif	Construis. Construisons. Construisez.
imparfait	je conduisais	imparfait	je construisais
passé composé	j'ai conduit	passé composé	j'ai construit

Die unregelmäßigen Verben *conduire* und *construire* werden in den Singularformen regelmäßig konjugiert. In den Pluralformen wird zwischen Stamm und Endung ein *-s-* eingeschoben. Das kennst du schon von den Verben *lire* und *dire*. Das Partizip Perfekt endet auf *-t*.

Tu as tout compris? Solutions ▶ taxona

Ergänze die Sätze mit den passenden Formen der Verben *conduire* (a) und *construire* (b).

a 1. Vous ? les premiers? • 2. Non, Valentine ? la première, bien sûr. • 3. Nous ? à tour de rôle. • 4. Maintenant ton cousin ? . • 5. Je/J' ? même ? *(passé composé)* une motoneige.

b 1. Qui ? *(passé composé)* la tour Eiffel? • 2. À Montréal, ils ? *(passé composé)* la plus grande ville souterraine. • 3. Les jeunes ? une petite maison en neige. • 4. Maman, tu ? un petit bateau avec moi? • 5. – Qu'est-ce que vous ? ? – Nous ? un bateau en bois.

25 Der Komparativ des Adverbs | Le comparatif de l'adverbe

▶ U3 V3, p. 71

+	Victor court	**plus vite que**	les autres.	... schneller als ...
=	Emmy court	**aussi vite que**	Valentine.	... genauso schnell wie ...
–	Nathan court	**moins vite que**	les autres.	... langsamer als ...

Französische Adverbien werden genauso gesteigert wie französische Adjektive. ▶ p. 8/2
Zur Bildung des Komparativs stellst du *plus, aussi, moins* vor das Adverb und das Vergleichswort *que* („als/wie") dahinter.

MERKE Komparativ:
+ *plus*
= *aussi* + Adverb + *que*
– *moins*

Les Bruins jouent **bien**.	... gut ...	Les Canadiens jouent **mieux** que les autres.	... besser ...
Valentine applaudit **beaucoup**.	... viel ...	Les autres applaudissent **plus**.	... mehr ...
Nathan s'entraîne **peu**.	... wenig ...	Louis s'entraîne **moins** que Nathan.	... weniger ...

! Der Komparativ von *bien, beaucoup* und *peu* ist unregelmäßig.

	Verb +	Adverb:	Nomen +	Adjektiv:
Verwechsle nicht Adverb	Il joue	**mieux**.	L'équipe est	**meilleure**.
und Adjektiv:	Il court	**vite/rapidement**.	Elle est	**rapide**.

Tu as tout compris?

Solutions ▶ taxona

Ergänze die Sätze mit dem Komparativ der Adverbien.
1. Matthieu et Nathan jouent *(+ bien)* que l'année dernière. • 2. Ils se sont entraînés *(+ sérieusement)* qu'avant. • 3. Nos chiens courent *(= vite)* que les autres. • 4. Nathan s'est *(– peu)* occupé des chiens que Valentine. • 5. Emma parle *(– couramment)* le français que ses copines. • 6. Vendredi, Nathan a *(– peu)* conduit que Valentine.

26 Der Superlativ des Adverbs | Le superlatif de l'adverbe

▶ U3 V3, p. 71

D'abord, Nathan a couru	**le plus vite**	de tous.	... am schnellsten (von allen).
Mais à la fin, il a couru	**le moins vite**	de tous.	... am langsamsten (von allen).
Je vais m'entraîner	**le plus souvent**	possible.	... so oft wie möglich.
Marie va à la ville souterraine	**le moins souvent**	possible.	... so selten wie möglich.

Zur Bildung des Superlativs eines Adverbs stellst du *le plus* oder *le moins* vor das Adverb.

MERKE Superlativ: *le plus* / *le moins* | + Adverb

	Komparativ	Superlativ
bien gut	mieux besser	**le mieux** am besten
beaucoup viel	plus mehr	**le plus** am meisten
peu wenig	moins weniger	**le moins** am wenigsten

! Die Steigerungsformen dieser drei häufig gebrauchten Adverbien sind unregelmäßig.

Tu as tout compris? Solutions ▶ taxona

Ergänze die Sätze mit dem Superlativ der Adverbien.

1. Dans sa classe, Jacob parle *(++ bien)* le français. • 2. Sa famille va en France *(++ souvent)* possible. • 3. Nous sommes allés à l'endroit qui nous intéresse *(++ beaucoup)*. • 4. Nous avons pris une motoneige pour rentrer *(++ facilement)* possible et pour marcher *(–– peu)* possible. • 5. Le hockey sur glace est le sport qui intéresse *(–– peu)* les copines de Valentine.

Hier kannst du überprüfen, was du in der *Unité 3* gelernt hast. In der Randspalte findest du den Hinweis auf den passenden Abschnitt im Grammatikheft.
Die Lösungen der Aufgaben findest du unter www.cornelsen/codes **taxona**.

1 Die Mengenangaben mit *plus de*, *autant de*, *moins de*

▶ G p. 29/18

Vergleiche und bilde Sätze.

1. À Tadoussac, / + neige / à Paris / et en été / souvent / + 30 degrés. *(il y avoir; faire)*
2. Valentine / = amis à Montréal / Nathan à Toulouse. *(avoir)*
3. À Montréal, / Nathan / – souvenirs / Valentine. *(acheter)*
4. Dans son interro, / Lizzy / + fautes / son copain Diego. *(faire)*
5. Pour ce film, / mon copain / – argent / toi. *(payer, passé composé)*
6. Le cousin de Valentine / = langues / elle. *(parler)*

2 Die Frage mit *qu'est-ce qui*, *qui est-ce qui* und *qui est-ce que*

▶ G p. 29/19

Ergänze die Fragen mit *qui est-ce qui …?, qui est-ce-que …?, qu'est-ce qui …?* **oder** *qu'est-ce que …?*.

1. a. ? t'intéresse le plus? • b. ? tu aimes lire? • c. ? a écrit ce livre?
2. a. ? est déjà allé au Canada? • b. ? vous avez vu au Canada? • c. ? vous a plu le plus pendant votre séjour au Canada?
3. a. Tu es sorti hier soir? ? tu as fait? • b. ? est venu avec toi? • c. ? vous avez rencontré?
4. a. ? Valérie a invité à son anniversaire? • b. ? va venir? • c. ? on va offrir à Valérie?

3 Die Bruchzahlen

▶ G p. 30/20

Schreibe die Bruchzahlen in Ziffern.

1. Les Français et les Allemands représentent un tiers des Européens.
2. Un quart et un quart font un demi.
3. Tu peux partager le gâteau en six sixièmes, s'il te plaît?
4. Deux cinquièmes du Canada sont couverts d'arbres.
5. Deux tiers des francophones canadiens vivent au Québec.
6. Trois dixièmes et deux dixièmes font un demi.

4 Der Infinitivsatz mit *avant de*

▶ G p. 31/21

Bilde Sätze. Verwende *avant de* **+ Infinitiv.**

1. Voyager au Canada / nous / *lire* beaucoup de livres sur ce pays. *(passé composé)*
2. Choisir les endroits qu'on veut visiter / nous / *parler* à beaucoup de gens. *(passé composé)*
3. Retourner à Montréal / on / *vouloir* faire un tour en bateau sur le Saint-Laurent. *(présent)*
4. Aujourd'hui, mon frère / *ranger* la cuisine / préparer le repas. *(passé composé)*
5. Chaque samedi, / je / *faire* les courses / s'entraîner au stade. *(imparfait)*
6. Partir à Montréal / nous / *décider* de faire du traîneau à chiens. *(passé composé)*

5 Die Indefinitpronomen *tous/toutes* und *tout*

▶ G p. 31–32/22

Ergänze die Sätze mit den Indefinitpronomen *tout*, *tous* oder *toutes*.

1. Quand il a expliqué l'exercice, je n'ai pas ? compris.
2. Il y avait six chiens par traîneau. ? attendaient le départ avec impatience.
3. À son anniversaire, Valentine a invité ses copines. ? sont venues.
4. Regarde. Il ne reste plus rien[1]. Ils ont déjà ? mangé.
5. À Montréal, j'ai acheté des vieilles BD. ? étaient très chères.
6. Dans ce gîte, il y a seulement une chambre. Alors, nous allons ? dormir dans la même chambre.

1 **ne … plus rien** nichts mehr

6 Die Verben *conduire*, *construire* und *courir*

▶ G p. 32/23
G p. 33/24

***Conduire*, *construire* oder *courir*? Wähle das passende Verb aus und ergänze die Sätze.**

1. Pour pouvoir manger dehors, nous ? une petite table en neige.
2. Mon oncle et mon père ? aussi ? à côté des chiens. *(passé composé)*
3. Je ne ? pas aussi vite que les chiens.
4. Dans la forêt, ils ? un petit gîte. *(passé composé)*
5. Nous ? tous le traîneau, mais ma mère ne ? pas. Ce sont toujours mon oncle ou ma tante qui ? .
6. Je/J' ? pour ne pas rater le bus. *(passé composé)*

7 Der Komparativ und der Superlativ des Adverbs

▶ G p. 34/25
G p. 35/26

Ergänze die Sätze mit dem Komparativ (+, –, =) oder dem Superlativ (++, – –) des Adverbs.

1. Valentine et moi, nous conduisons *(++ vite)* de tout le groupe. Ma mère et mon père ont conduit *(–– vite)*.
2. Bien sûr, les chiens courent *(+ vite)* que nous.
3. Pendant notre pause, Zac a *(+ beaucoup)* mangé que les autres chiens.
4. L'équipe d'Aron s'entraîne *(= sérieusement)* que l'équipe de Nathan.
5. Mais ils ont *(– souvent)* gagné, cette année.
6. Ils veulent réussir leur match *(++ bien)* possible.
7. Benjamin joue *(+ bien)* au hockey sur glace que moi.
8. De tous les chiens, Zac m'a plu *(++ beaucoup)*.
9. Qu'est-ce que Nathan a *(–– peu)* aimé à Montréal?

27 Der *subjonctif présent* | Le subjonctif présent

▶ M3 p. 80

27.1 Die Bildung des *subjonctif présent*

ils/elles	rang~~ent~~ finiss~~ent~~ descend~~ent~~	+	**-e** **-es** **-e** **-ions** **-iez** **-ent**

Bildung der 3. Person Plural Präsens

▶ p. 74/55.2

Il faut que/qu'	je	rang**e**	finiss**e**	descend**e**
	tu	rang**es**	finiss**es**	descend**es**
	il/elle/on	rang**e**	finiss**e**	descend**e**
	nous	rang**ions**	finiss**ions**	descend**ions**
	vous	rang**iez**	finiss**iez**	descend**iez**
	ils/elles	rang**ent**	finiss**ent**	descend**ent**

Du bildest die *subjonctif*-Formen mit der Verbform der 3. Person Plural Präsens. An den Stamm dieser Verbform hängst du die *subjonctif*-Endungen *-e*, *-es*, *-e*, *-ions*, *-iez*, *-ent* an. Die Endungen der Singularformen und der 3. Person Plural kennst du vom Präsens der Verben auf *-er*, die Endungen der 1. und 2. Person Plural vom *imparfait*. ▶ p. 17/10

MERKE ***subjonctif:*** Stamm der 3. Person Plural Präsens + *subjonctif*-Endung: ***-e*, *-es*, *-e*, *-ions*, *-iez*, *-ent*.**

aller	que j'aille [aj]	que nous allions
avoir	que j'aie [ɛ]	que nous ayons [ɛjɔ̃]
être	que je sois	que nous soyons [swajɔ̃]
faire	que je fasse	que nous fassions
prendre	que je prenne	que nous prenions
pouvoir	que je puisse	que nous puissions
savoir	que je sache	que nous sachions
vouloir	que je veuille [vœj]	que nous voulions
venir	que je vienne	que nous venions
boire	que je boive	que nous buvions
voir	que je voie	que nous voyions

! Einige der häufig gebrauchten Verben haben unregelmäßige *subjonctif*-Formen.

27.2 Der Gebrauch des *subjonctif présent*

Il faut que tu descendes chez les voisins.
Il ne faut pas que vous fassiez trop de bruit.
Ils veulent que je travaille pour l'interro de maths.
Ils ne veulent pas que je sorte ce week-end.
Je voudrais que ce moment ne finisse jamais.
Je ne voudrais pas que vous dérangiez les voisins.

Im Französischen musst du nach bestimmten Verben und Wendungen, die eine Notwendigkeit, einen Willen oder einen Wunsch ausdrücken, die *subjonctif*-Formen eines Verbs verwenden. Diese Verben und Wendungen werden Auslöser des *subjonctif* genannt. Der Nebensatz, in dem die *subjonctif*-Form des Verbs stehen muss, wird immer mit der Konjunktion *que* eingeleitet. Im Deutschen gibt es keine Entsprechung zum *subjonctif*.

MERKE *subjonctif*-Auslöser:

Il faut que / Il ne faut pas que	(Notwendigkeit)
Je veux que / Je ne veux pas que	(Wunsch/Wille)
Je voudrais que / Je ne voudrais pas que	(Wunsch/Wille)

Marie espère que Romain **vient**.

! Nach *espérer* steht der Indikativ, kein *subjonctif*.

Hauptsatz	Nebensatz
Antoine voudrait	qu'**on** fasse une fête.
Son père ne veut pas	qu'**ils** aient des problèmes avec les voisins.

Ein Nebensatz mit *subjonctif* kann nur stehen, wenn das Subjekt im Hauptsatz *(Antoine / son père)* ein anderes ist als im Nebensatz *(on/ils)*.

On voudrait faire une fête. | **Il ne veut pas** avoir des problèmes avec les voisins.

Bei gleichem Subjekt im Haupt- und im Nebensatz verwendest du keinen *subjonctif*, sondern einen Infinitiv.

Tu as tout compris?

Solutions ▶ taxona

a Bilde die richtigen Formen des *subjonctif*.
que je *(parler)* • que tu *(faire)* • qu'il *(être)* • qu'elle *(prendre)* • que nous *(venir)* • que vous *(avoir)* • qu'ils *(ranger)* • qu'elles *(dire)* • que je *(sortir)* • que tu *(pouvoir)* • qu'elle *(aller)*

b *Subjonctif* oder Indikativ? Ergänze mit der richtigen Verbform.
1. Il faut que je *(partir)* maintenant. • 2. Romain espère que ses parents *(être)* d'accord. • 3. Ils ne veulent pas qu'on *(faire)* la fête ici. • 4. Je voudrais que cette fête ne *(finir)* jamais. • 5. Elle pense que Sarah n'/ne *(être)* pas sympa, en ce moment. • 6. Le voisin dit qu'ils *(faire)* trop de bruit. • 7. Sa mère ne voudrait pas qu'ils *(déranger)* les voisins.

28 Die Hervorhebung | La mise en relief

▶ U4 V1, p. 84

	Subjekt	
C'est	Clément	**qui** prépare le repas du soir.
C'est	moi	**qui** ai rangé la cuisine.
Ce sont	les parents	**qui** s'occupent de tout.
Ce n'est jamais	toi	**qui** descends les poubelles.

Hier lernst du, wie du im Französischen Satzteile betonen oder hervorheben kannst.
Um ein Subjekt hervorzuheben, verwendest du *c'est … qui* und *ce sont … qui. C'est … qui* verwendest du für Subjekte im Singular, *ce sont … qui* verwendest du für Subjekte im Plural.
Das Verb nach *qui* richtet sich nach dem Subjekt, das du hervorhebst.
Nach *c'est / ce sont … qui* verwendest du die unverbundenen Personalpronomen. ▶ p. 71/54.1, 72/54.2

Im gesprochenen Französisch wird das *ne/n'* der Verneinung meistens weggelassen.

	Ergänzung	
Ce sont	ces feuilles	**que** tu cherches?
C'est	à ton petit frère	**que** tu parles?
C'est	avec les enfants	**qu'**il préfère sortir.
C'est	samedi	**que** Clément veut sortir avec ses copains.
C'est	chez Théo	**qu'**ils veulent aller.

C'est … que und *ce sont … que* verwendest du zur Hervorhebung von Ergänzungen.
Mit *c'est … que* und *ce sont … que* kannst du alle Ergänzungen hervorheben: Direkte und indirekte Objekte, Zeitangaben und Ortsangaben.

Tu as tout compris?

Solutions ▶ taxona

Widersprich. Verwende dafür *Non, …* und *c'est / ce sont … qui* oder *c'est / ce sont … que.*
1. Louis va faire un atelier de hip-hop. (Clément) • 2. Damien est allé en Espagne en été. (Allemagne). • 3. Les enfants ont nettoyé la salle de bains. (la cuisine) • 4. Tom va parler à ses grands-parents. (parents) • 5. Nous allons partir samedi. (vendredi) • 6. Mes cousins vont arriver vers six heures. (mes cousines) • 7. Les jeunes parlent d'un film. (une série) • 8. Il va au ciné avec Karim. (Raphaël)

29 Der Imperativ mit Pronomen | L'impératif avec un pronom

▶ U4 V2, p. 88

bejahter Imperativ		verneinter Imperativ
Écoute-**moi**.		Ne **m'**écoute pas.
Dépêche-**toi**.		Ne **te** dépêche pas.
Invite-**la**.	(= ta fille)	Ne **l'**invite pas.
Regardons-**le**.	(= le film)	Ne **le** regardons pas.
Parle-**lui**.	(= à ta fille / à ton fils)	Ne **lui** parle pas.
Écoutez-**nous**.		Ne **nous** écoutez pas.
Dépêchez-**vous**.		Ne **vous** dépêchez pas.
Fais-**les**.	(= les devoirs)	Ne **les** fais pas.
Réponds-**leur**.	(= à tes parents)	Ne **leur** réponds pas.

Wenn du jemanden um etwas bittest oder jemanden zu etwas auffordern willst, verwendest du häufig einen Imperativ mit Pronomen, z. B. „Gib mir bitte das Brot.; Antworte ihm nicht." Das ist im Französischen genauso.
Ist der Imperativ bejaht, steht das Pronomen nach dem Imperativ und wird mit einem Bindestrich an den Imperativ angeschlossen.
Anstelle der Pronomen *me* und *te* verwendest du die betonten Formen ***moi*** und ***toi***. ▶ p. 71/54.1
Wenn du jemanden auffordern willst, etwas zu unterlassen, verwendest du den verneinten Imperativ. Das Pronomen steht dann vor dem Imperativ. Wenn die Imperativform mit einem Vokal beginnt, verkürzt du *me*, *te*, *le* und *la* zu *m'*, *t'*, *l'*.

aller:	Vas-y. Geh hin. / Los geht's.	N'y va pas.
acheter:	Achètes-en. Kauf davon.	N'en achète pas.

! Endet die Imperativform auf einen Vokal, so wird vor den Pronomen *en* und *y* ▶ p. 50/36.2 zur leichteren Aussprache ein *-s* an die Imperativform angehängt.

Tu as tout compris?

Solutions ▶ taxona

a Wie sagst du das auf Französisch? Verwende den Imperativ mit Pronomen.
Sage deinem Freund, er soll
– dir zuhören,
– sich beeilen,
– mit ihr (= seiner Freundin) sprechen,
– sie (= seine Nachbarn) nicht einladen.

b Setze die Imperative von a in den Plural.
Sage deinen Freunden, sie sollen ...

30 Die unregelmäßigen Verben *recevoir* und *décevoir* | Les verbes irréguliers *recevoir* et *décevoir*

► U4 V2, p. 88

	recevoir		**décevoir**
je	re**ç**ois	je	dé**ç**ois
tu	re**ç**ois	tu	dé**ç**ois
il/elle/on	re**ç**oit	il/elle/on	dé**ç**oit
nous	recevons	nous	décevons
vous	recevez	vous	décevez
ils/elles	re**ç**oivent	ils/elles	dé**ç**oivent
impératif	Re**ç**ois. Recevons. Recevez.	impératif	Dé**ç**ois. Décevons. Décevez.
imparfait	je recevais	imparfait	je décevais
subjonctif	que je re**ç**oive que nous recevions	subjonctif	que je dé**ç**oive que nous décevions
passé composé	j'ai re**ç**u	passé composé	j'ai dé**ç**u

In den Singularformen und in der 3. Person Plural verlieren die unregelmäßigen Verben *recevoir* und *décevoir* das *-ev-* des Stamms. Außerdem wird das *-c-* vor *-o-* und *-u-* zu *-ç-*.

Tu as tout compris? Solutions ► taxona

Ergänze die Sätze mit den passenden Formen von *recevoir* (a) und *décevoir* (b).

a 1. Je ne ? plus de mails. • 2. Vous ? les textos du collège? • 3. Les parents ? souvent des informations sur leurs enfants du collège. • 4. Elle ? une mauvaise note en SVT. • 5. En été, nous ? un groupe d'Allemands dans notre collège. • 6. – Est-ce que tu ? *(passé composé)* mon message? – Non, je / ? (ne rien, *passé composé*).

b 1. Clément n'est pas venu à ma fête. Il me ? vraiment. • 2. La prof de maths lui a mis un neuf sur vingt. Cette note ? *(passé composé)* Capucine. • 3. Tes notes sont catastrophiques. Tu me ? . • 4. Qu'est-ce que tu fais quand tes amis te ? ? • 5. C'est d'accord: Nous ne ? personne.

31 Das Fragepronomen *lequel* | Le pronom interrogatif *lequel*

► U4 V3, p. 92

Quel film est-ce que vous avez regardé?
Quelle série est-ce que tu aimes?

Fragebegleiter:

Quel livre?	Quelle série?
Quels films?	Quelles copines?

Du kennst schon den Fragebegleiter *quel*. *Quel* steht immer vor einem Nomen. ► p. 67/51

– On a regardé <u>un film</u> hier soir.	– **Lequel**?	Welchen?
– J'aime bien <u>les acteurs</u> de cette série.	– **Lesquels**?	Welche?
– Moi, je préfère <u>l'autre série</u>.	– **Laquelle**?	Welche?
– Ma copine connaît <u>beaucoup de séries</u>.	– **Lesquelles**?	Welche?

Im Französischen gibt es auch Fragepronomen, die das Nomen, nach dem sie fragen, ersetzen. Das Fragepronomen *lequel* setzt du aus einem bestimmten Artikel (*le*, *la* oder *les*) und einer Form des Fragebegleiters *quel* zusammen.
Das Fragepronomen *lequel* gleichst du in Genus und Numerus dem Nomen an, das es ersetzt. Im Deutschen gibt es keine besondere Form für das Fragepronomen. „Welcher?, Welche?, Welches?" sind sowohl Fragebegleiter als auch Fragepronomen.

MERKE Fragepronomen: **Lequel**? **Laquelle**? **Lesquels**? **Lesquelles**?
Fragebegleiter: ▶ p. 67/51 **Quel** ...? **Quelle** ...? **Quels** ...? **Quelles** ...?

Tu as tout compris? Solutions ▶ taxona

Frage nach und verwende die passende Form des Fragepronomens *lequel*.
1. Ma famille regarde toujours des séries ensemble. • 2. Je n'ai pas compris leurs problèmes. • 3. Ma sœur n'aime pas du tout cet acteur. • 4. Moi aussi, j'ai un personnage préféré. • 5. Son beau-père travaille pour des grandes entreprises. • 6. Dans cette série, il y a une fille qui me plaît beaucoup.

32 Die Verneinung mit *ne ... personne* | La négation avec *ne ... personne*

▶ U4 V3, p. 92

Elle **n'**	invite		**personne**.	
Elle **n'**	a <u>invité</u>		**personne**.	
Elle **ne**	va <u>inviter</u>		**personne**.	
Elle **ne**	veut <u>inviter</u>		**personne**.	
Elle **ne**	veut <u>parler</u>	**à**	**personne**.	(ne parler à personne – mit niemandem sprechen)

Mit einem Verb im Präsens verwendest du die Verneinungswörter *ne ... personne* genauso wie *ne ... pas*: *Ne* und *personne* umschließen das Verb. Mit einem Verb im *passé composé* und in Sätzen mit einem Infinitiv steht *personne* nicht am gleichen Platz wie *pas*: *Personne* steht <u>hinter</u> dem Partizip Perfekt bzw. dem Infinitiv. Hat das Verb ein indirektes Objekt mit der Präposition *à*, so musst du *à* auch im verneinten Satz verwenden. *À* steht dann vor *personne*. →→→

Je n'ai pas	vu	mes copains.
Je n'ai	vu	personne.
Je ne veux	voir	personne.

! Il n'y a personne. Es ist niemand da. / Niemand ist da.

Tu as tout compris? Solutions ► taxona

Bringe die Wörter in die richtige Reihenfolge und bilde Sätze.

1. anniversaire. / son / à / copain / invité / a / personne / Mon / n'
2. veut / personne. / voir / ne / Il
3. s'il te plaît. / Mais / ne / personne, / le / à / dis
4. allé / suis / Je / Margot, / chez / mais / y / avait / il / n' / personne.
5. personne. / ne / Elle / veut / à / répondre
6. vas / ne / Tu / trouver / personne / t' / va / aider. / qui

33 Das Indefinitpronomen *chacun/e* | Le pronom indéfini *chacun/e*

► U4 V3, p. 92

1. Dans une famille, **chacun** a son rôle. ... jeder ...
2. Je regarde la série avec mes sœurs. **Chacune** a son personnage préféré. Jede ...

Das unbestimmte Pronomen *chacun/chacune* hat eine maskuline und eine feminine Form. Es ersetzt ein Nomen und steht deshalb alleine.

3. Adèle a trois sœurs. Elle achète un cadeau pour **chacune**.
4. Axel a deux frères. Il s'entend très bien avec **chacun**.

Chacun/Chacune kann Subjekt (Satz 1 und 2) und Objekt (Satz 3 und 4) in einem Satz sein.

On regarde **chaque** épisode de cette série.
Chaque fois que j'allumais la télé, il s'en allait.

! Verwechsle nicht den Begleiter *chaque* mit dem Pronomen *chacun/e*. *Chaque* steht immer vor einem Nomen, *chacun/chacune* steht alleine. Beide werden mit „jeder, jede, jedes" übersetzt.

Tu as tout compris? Solutions ► taxona

Ergänze die Sätze mit *chaque* oder *chacun/chacune*.

1. ? joueur s'est bien préparé au match. Et ? est très rapide.
2. M. Martin a deux filles. ? a un copain.
3. J'écris ? mois un mail à mon correspondant. Et il me répond ? fois.
4. Les élèves font des petites vidéos en cours de français. ? et ? fait une vidéo de quatre minutes.
5. Dans ma famille, on regarde ? épisode de cette série. ? aime quand les personnages parlent directement au public.

FAIS LE POINT 4

Hier kannst du überprüfen, was du in der *Unité 4* gelernt hast. In der Randspalte findest du den Hinweis auf den passenden Abschnitt im Grammatikheft.
Die Lösungen der Aufgaben findest du unter www.cornelsen/codes **taxona**.

1 Die Hervorhebung

▶ G p. 40/28

Ergänze die Sätze mit *c'est / ce sont … qui/que* und der passenden Verbform.

2 Der Imperativ mit Pronomen

▶ G p. 41/29

Sage den Personen, was sie tun sollen. Verwende einen Imperativ und ein Pronomen.

Exemple: Il faut que Léo se lève. → Lève-toi.

1. Il faut que Léo se lève.
2. Nicolas ne doit pas écrire à sa copine. Il doit faire ses devoirs.
3. Louise et Alice doivent aider leurs parents.
4. Xavier doit parler à son père.
5. Hannah doit sortir le chien.
6. Clément doit expliquer la recette.
7. Les élèves doivent regarder le film.
8. Alex ne doit pas répondre à ses cousins.

3 Die Verben *recevoir* und *décevoir*

▶ G p. 42/30

Ergänze die Sätze mit den passenden Formen von *recevoir* und *décevoir*.

1. Le collège *Charles de Gaulle* ? vraiment bien ? les correspondants. *(passé composé)*
2. Est-ce que vous ? des cartes postales de vos amis qui sont en vacances?
3. Mes copains ne m'écrivent jamais. Cela me ? vraiment.
4. Nos profs ? les parents vendredi, à 16 heures.

→→→

5. Aujourd'hui, notre prof de maths nous a dit: Vous me ? .
6. Ma fille ? des messages en chinois. C'est bizzare.
7. Est-ce que vous pouvez nous aider? Nous ? des messages, mais nous ne pouvons pas en envoyer.
8. Tu ne peux pas m'aider? Tu me ? .
9. Pourquoi est-ce que c'est toujours moi qui ? ces mails?
10. Normalement, les copains de Paul ne le ? jamais. Mais aujourd'hui, son meilleur copain l'a ? .

4 Das Fragepronomen *lequel*

▶ G p. 42–43/31

Frage nach oder ergänze die Fragen mit der passenden Form des Fragepronomens *lequel*.

1. – Voilà trois jolies robes. – ? est-ce que tu préfères?
2. – Aujourd'hui, on passe deux films intéressants au ciné. – ? est-ce qu'on va regarder?
3. – Tu connais les copains de Paul? – ? ?
4. – Est-ce que tu sais chanter des chansons de ZAZ? – Oui. – Et ? ?
5. – J'ai acheté un nouveau portable. – Cool. ? est-ce que tu as acheté?
6. – Je n'ai pas compris ces exercices? – ? ?

5 Die Verneinung mit *ne ... personne*

▶ G p. 43–44/32

Beantworte die Fragen verneint und verwende *ne ... personne*.

1. – Est-ce que vous voulez interviewer les gens dans la rue? – Non, ...
2. – Est-ce que Samuel a invité ses copains? – Non, il n' ...
3. – Et Adam? Est-ce que tu l'as rencontré? – Non, ...
4. – Vous allez parler à vos parents? – Non, ...
5. – Est-ce que tu as joué avec tes cousines? – Non, ...
6. – Tu vas écrire à tes grands-parents? – Non, ...
7. – Est-ce que vous avez prévenu le CPE? – Non, ...
8. – Tu veux m'accompagner? – Non, ...
9. – Est-ce que tu l'as dit à ta mère? – Non, ...

6 Das Indefinitpronomen *chacun/e*

▶ G p. 44/33

Ergänze die Sätze mit *chaque* oder *chacun/chacune*.

1. Mes sœurs m'énervent. ? fait ce qu'elle veut. Elles ont des disputes ? jour et ? dit que c'est l'autre qui a commencé.
2. ? mois, on prépare des spécialités à manger dans notre classe. ? montre ce qu'il sait faire.
3. Théo a dessiné le prof de maths pour ses camarades. Et ? l'a tout de suite reconnu.
4. J'ai expliqué le devoir à mes copines. ? l'a compris.
5. ? soir, les enfants aident un peu leurs parents. ? a sa tâche ménagère.

34 Das *futur simple* | Le futur simple

▶ M4 p. 102

			parler	finir	prendre
Infinitiv +	**-ai**	je	parler**ai**	finir**ai**	prendr**ai**
	-as	tu	parler**as**	finir**as**	prendr**as**
	-a	il/elle/on	parler**a**	finir**a**	prendr**a**
	-ons	nous	parler**ons**	finir**ons**	prendr**ons**
	-ez	vous	parler**ez**	finir**ez**	prendr**ez**
	-ont	ils/elles	parler**ont**	finir**ont**	prendr**ont**

Du kennst schon das zusammengesetzte Futur (*le futur composé* oder *futur proche*: *je vais parler*). ▶ p. 76/55.3
Im Französischen gibt es außerdem noch das einfache Futur *(le futur simple)*, das nur aus einer Verbform besteht. Du bildest das *futur simple*, indem du an den Infinitiv der meisten Verben die Endungen ***-ai***, ***-as***, ***-a***, ***-ons***, ***-ez***, ***-ont*** anhängst. Die Verben, die auf *-re* enden, verlieren im *futur simple* das *-e* des Infinitivs *(prendre → je prendrai)*.

acheter	→	j'achète	→	j'achèterai	*ebenso:* enlever, se lever, se promener
appeler	→	j'appelle	→	j'appellerai	*ebenso:* rappeler
essayer	→	j'essaie	→	j'essaierai	*ebenso:* payer, nettoyer, s'ennuyer

! Bei diesen Verben, die eine Besonderheit in der Schreibweise haben, hängst du die Futur-Endungen an die Form der 1. Person Singular Präsens an, nicht an den Infinitiv.

Ausnahmen:

aller	→ j'**irai**	vouloir	→	je **voudrai**	venir	→	je **viendrai**
avoir	→ j'**aurai**	pouvoir	→	je **pourrai**	voir	→	je **verrai**
être	→ je **serai**	savoir	→	je **saurai**	envoyer	→	j'**enverrai**
faire	→ je **ferai**	devoir	→	je **devrai**	il faut	→	il **faudra**
courir	→ je **courrai**	décevoir	→	je **décevrai**	il pleut	→	il **pleuvra**
		recevoir	→	je **recevrai**			

Einige der häufig gebrauchten Verben haben im *futur simple* unregelmäßige Formen. Sie haben einen besonderen Futur-Stamm, an den du die Futur-Endungen anhängst. Diese Verbformen musst du auswendig lernen.

Tu as tout compris?

Solutions ▶ taxona

Bilde die richtigen Verbformen im *futur simple*.
1. on *(regarder)* • 2. je *(recevoir)* • 3. tu *(payer)* • 4. il *(appeler)* • 5. elle *(vouloir)* • 6. je *(envoyer)* • 7. nous *(courir)* • 8. je *(aller)* • 9. vous *(avoir)* • 10. ils *(être)* • 11. je *(choisir)* • 12. elle *(apprendre)* • 13. nous *(faire)* • 14. vous *(venir)* • 15. on *(voir)*

35 Der reale Bedingungssatz | La condition réelle

▶ M4 p. 102

S'il fait beau demain,	**je me baignerai** toute la journée!
S'il n'y a pas de bouchons,	**nous serons** au camping vers 18 heures.
Si ça continue comme ça,	**on rentre** à Paris!
Si vous voulez,	**on peut** rentrer.

Mit Bedingungssätzen kannst du sagen, was geschehen wird, wenn eine bestimmte Bedingung erfüllt ist. Im Nebensatz mit *si* steht die Bedingung. Im Hauptsatz sagst du, was geschehen wird, wenn diese Bedingung erfüllt ist. In einem realen Bedingungssatz verwendest du im Nebensatz mit *si* das *présent*, im Hauptsatz *présent* oder *futur simple*.

MERKE	Nebensatz mit *si*:	Hauptsatz:
	présent	*présent / futur simple*

Nous serons au camping vers 18 heures **s'il n'y a pas de bouchons.**
S'il n'y a pas de bouchons, nous serons au camping vers 18 heures.

Der Nebensatz mit *si* kann vor oder nach dem Hauptsatz stehen.

s'il	aber:	**si elle**
s'ils		**si elles**
		si on

Si wird nur vor *il* und *ils* verkürzt. Vor *elle*, *elles* und *on* wird *si* nicht verkürzt.

🇫🇷	🇩🇪	
S'il fait beau, je me baigne.	Wenn (Falls) das Wetter schön ist, …	Bedingung
Quand il fait beau, je me baigne.	Wenn (Immer wenn) das Wetter schön ist, …	Zeitangabe

! Verwechsle nicht ***si*** („wenn/falls") und ***quand*** (wenn/immer wenn). „Wenn" kann einen temporalen Nebensatz oder einen Bedingungssatz einleiten. Im Französischen gibt es dafür zwei unterschiedliche Konjunktionen: *si* = „wenn/falls" (Bedingungssatz), *quand* = „wenn / immer wenn" (temporaler Nebensatz).

Tu as tout compris?

Solutions ▶ taxona

Ergänze die Sätze mit den passenden Verbformen. Verwende im Hauptsatz das *futur simple*.

1. S'il y *(avoir)* du vent demain, les enfants *(faire)* du char à voile. • 2. Si vous *(vouloir)*, on *(aller)* manger une gaufre. • 3. S'il *(pleuvoir)* demain, Julie *(lire)* des BD et *(écrire)* des cartes postales à ses copines. • 4. S'il *(faire)* beau demain, Monsieur et Madame Leclerq *(se baigner)* dans le lac. • 5. S'il ne *(faire)* pas beau, et si vous *(avoir)* envie, nous *(pouvoir)* visiter Bruxelles demain.

36 Die Pronomen *en* und *y* (lokal) | Les pronoms *en* et *y* (local)

▶ U5 V1, p. 106

36.1 *en*

1. – Est-ce qu'ils sont déjà revenus de Bruxelles? – Non, ils **en** reviennent ce soir.
2. – Louis est déjà sorti de la boutique du musée? – Oui, il **en** est déjà sorti.
3. – Quand est-ce que vous partez de Namur? – On va **en** partir demain.
4. – Les enfants doivent sortir de l'eau maintenant? – Oui, mais ils ne veulent pas **en** sortir.
5. – Est-ce que Paul est déjà sorti du gymnase? – Non, il n'**en** est pas encore sorti.

Mit dem Pronomen ***en*** kannst du alle Ortsangaben ersetzen, die mit ***de*** eingeleitet werden. *En* ist unveränderlich. Du kannst es mit „von dort“ oder „dort“ übersetzen. Häufig übersetzt du es gar nicht ins Deutsche. Das Pronomen *en* steht wie alle anderen Pronomen vor dem konjugierten Verb (Satz 1 und 2), im *futur composé / futur proche* und in Sätzen mit Modalverben vor dem Infinitiv (Satz 3 und 4).

36.2 *y*

1. Cherchez dans la BD d'Hergé. Le dessin s'**y** trouve.
2. Regardez le dessin sur ce mur. On peut **y** voir Gaston Lagaffe.
3. Vous allez à la rue de l'Étuve? Pour **y** aller, traversez la Grand-Place.
4. – Arthur est déjà allé au club? – Non, il n'**y** va plus.

Mit dem Pronomen ***y*** kannst du Ortsangaben ersetzen, die mit ***à***, ***chez***, ***dans***, ***sur***, ***sous***, ***devant***, ***derrière*** u. a. eingeleitet werden. Nur Ortsangaben, die mit *de* eingeleitet werden, ersetzt du nicht mit *y*, sondern mit *en*. *Y* ist unveränderlich. Du kannst *y* mit „dort, dorthin, da, dahin“ übersetzen. Häufig übersetzt du das Pronomen gar nicht ins Deutsche.
Auch das Pronomen *y* steht wie alle anderen Pronomen vor dem konjugierten Verb, und im *futur composé / futur proche* und in Sätzen mit Modalverben vor dem Infinitiv.

→→→

Tu as tout compris? Solutions ▶ taxona

Beantworte die Fragen. Verwende das Pronomen *y* oder *en*.

1. – On va à la ville souterraine cet après-midi? – Non, je ne pas / *vouloir* aller.
2. – Est-ce que vous allez à Bruxelles avec Nathan? – Non, / nous / ne pas *aller* avec lui.
3. – Quand est-ce que vous revenez de Belgique? – Nous / *revenir (futur simple)* lundi.
4. – Tu es allé au musée, hier? – Oui, / je/j' / *passer (passé composé)* toute la journée.
5. – Quand est-ce que vous sortez de l'école, aujourd'hui? – Nous / *sortir* / vers 16 heures.
6. – Est-ce que tu vas au stade? – Oui, mais / je / *revenir (futur composé)* très tard.

37 Das unregelmäßige Verb *fuir* | Le verbe irrégulier *fuir*

▶ U5 V1, p. 106

	fuir
je	fuis
tu	fuis
il/elle/on	fuit
nous	fuyons
vous	fuyez
ils/elles	fuient

impératif	Fuis. Fuyons. Fuyez.
imparfait	je fuyais
subjonctif	que je fuie
	que nous fuyions
futur simple	je fuirai
passé composé	j'ai fui

ebenso: s'enfuir

Das unregelmäßige Verb *fuir* hat in der 1. und 2. Person Plural ein *-y-* anstelle des *-i-*.

Tu as tout compris? Solutions ▶ taxona

Ergänze die Sätze mit der passenden Form von *fuir*.

1. J'ai eu peur et je/j' ? *(passé composé)* ce chien. • 2. Les gangsters ? la police. • 3. Pourquoi est-ce que vous ? ? • 4. Nous ? la guerre. • 5. Dans ce roman, le jeune garçon ? sa famille. • 6. Tu ? la pluie?

38 Die Inversionsfrage | L'interrogation par inversion

▶ U5 V2, p. 110

Inversionsfrage	Frage mit *est-ce que*
Es-tu d'accord?	Est-ce que <u>tu es</u> d'accord?
Connaissez-vous ce test?	Est-ce que <u>vous connaissez</u> ce test?

In der Inversionsfrage stellst du das Personalpronomen <u>hinter</u> das Verb. (In der *est-ce que*-Frage dagegen ist die Reihenfolge: Subjekt – Verb.) Verb und Personalpronomen verbindest du mit einem Bindestrich.

Inversionsfrage	Frage mit *est-ce que*
Que regardez-vous?	Qu'est-ce que vous regardez?
Que fait-il?	Qu'est-ce qu'il fait?
De quoi parle-t-elle?	De quoi est-ce qu'elle parle?
À quoi penses-tu?	À quoi est-ce que tu penses?
Quel nom choisissez-vous?	Quel nom est-ce que vous choisissez?
Où êtes-vous allés?	Où est-ce que vous êtes allés?
Pourquoi ne faut-il pas rater les spécialités belges?	Pourquoi est-ce qu'il ne faut pas rater les spécialités belges?

Fragewörter stellst du an den Anfang der Inversionsfrage, vor das Verb.
Endet die Verbform der 3. Person Singular auf einen Vokal, schiebst du ein *-t-* zwischen Verb und Subjektpronomen. Das erleichtert die Aussprache. Die Verneinungsklammer umschließt das konjugierte Verb und das Personalpronomen. Eine Inversionsfrage kannst du nur dann bilden, wenn das Subjekt ein Pronomen ist.

MERKE Inversionsfrage:
(Fragewort) + *(ne)* + Verb + Personalpronomen + *(pas)*

Tu as tout compris? Solutions ▶ taxona

Formuliere die Fragen um. Stelle Inversionsfragen.
1. Est-ce que tu es déjà allé à Bruxelles? • 2. Est-ce que vous avez trouvé la BD de François Schuiten? • 3. De quoi est-ce qu'ils parlent? • 4. Quand est-ce qu'elle arrive? • 5. Où est-ce qu'il est allé? • 6. Où est ce qu'elle va?

39 Das Relativpronomen *dont* | Le pronom relatif *dont*

▶ U5 V2, p. 110

1. J'ai acheté deux albums. Je suis très content de ces albums.

   → J'ai acheté deux albums **dont** je suis très content.

2. J'ai lu une BD. Je voudrais vous parler de cette BD.

   → J'ai lu une BD **dont** je voudrais vous parler.

Das Relativpronomen *dont* leitet einen Relativsatz ein. *Dont* ist unveränderlich und kann für Personen und Sachen stehen. Mit *dont* kannst du Wiederholungen vermeiden und aus zwei Sätzen einen Satz machen: Du ersetzt die Ergänzung mit *de*, die im zweiten Satz steht, durch *dont*.

→→→

Mit *dont* kannst du unterschiedliche Ergänzungen ersetzen:

1. Tu connais le film **dont** j'ai oublié le nom.
   (→ J'ai oublié le nom de ce film.)
2. Il a trouvé l'album **dont** il rêve depuis longtemps.
   (→ Il rêve de cet album depuis longtemps.)
3. J'ai fait une BD **dont** je suis très fier.
   (→ Je suis très fier de cette BD.)

1. Die Ergänzung eines Nomens mit *de*.
2. Die Ergänzung eines Verbs mit *de*.
3. Die Ergänzung eines Adjektivs mit *de*.

parler de qn/qc	l'histoire **dont** elle parle ...	..., von der sie spricht ...
s'occuper de qn/qc	le garçon **dont** elle s'occupe ...	..., um den sie sich kümmert ...
avoir besoin de qc	le livre **dont** j'ai besoin ...	..., das ich brauche ...
avoir envie de qc	le voyage **dont** j'ai envie ...	..., auf die ich Lust habe ...
être content de qc	ses notes **dont** je suis content ...	..., über die ich glücklich bin ...
être fier de qn/qc	mes enfants **dont** je suis fier ...	..., auf die ich stolz bin ...

Da *dont* verschiedenartige Ergänzungen mit *de* ersetzt, wird es ganz unterschiedlich ins Deutsche übersetzt. Merke dir diese häufig gebrauchten Verben und Adjektive mit *de*.

Tu as tout compris? Solutions ▶ taxona

Wofür steht *dont* in den folgenden Sätzen? Mache aus einem Satz zwei Sätze.

1. Samedi, nous sommes allés au cinéma pour voir un film dont Camille avait beaucoup parlé.
2. J'ai offert une BD à mon copain dont il avait envie depuis longtemps.
3. En été, nous avons enfin fait le voyage à Bruxelles dont nous parlons depuis un an.
4. Jef a préparé un gâteau dont il est très fier.
5. Est-ce que tu as enfin acheté les cahiers dont tu as besoin pour l'école?

40 Die Angleichung des Partizips Perfekt nach *avoir* | L'accord du participe passé après *avoir*

▶ U5 V2, p. 110

Subjekt	Verb	direktes Objekt	
J'	ai découvert	cette série de BD	cet été.
Je	n'ai pas acheté	cette BD.	

Bisher hast du gelernt, dass in den zusammengesetzten Zeiten *(passé composé, plus-que-parfait)* das Partizip Perfekt nach dem Hilfsverb *avoir* unveränderlich ist. Das ist immer dann der Fall, wenn das direkte Objekt hinter dem Verb steht.

Sätze mit direktem Objektpronomen

		Subjekt		direktes Objekt	Verb	
– Où est ton portable?		– Je		l'	ai **oublié**	au collège.
– Tu as acheté cette BD?	– Non,	je	ne	l'	ai pas **achetée**.	
– Tu as vu ses dessins?	– Oui,	Max		les	a **montrés**	à toute la classe.
Il a créé des BD	et	il		les	a **publiées**	en France.

Relativsätze mit *que*

	direktes Objekt	Subjekt		Verb
Tu connais le film	**qu'**	il		a **fait**?
Nous avons lu la BD	**qu'**	elle	nous	a **offerte**.
Voilà les albums	**que**	Maya	m'	a **donnés**.
Ce sont des BD	**que**	j'		ai **découvertes** cet été.

Fragesätze (Frage nach dem direkten Objekt)

Quel album	est-ce que	tu as **acheté**?
Quelle BD	avez-vous	**aimée**?
Lesquels de ces albums	est-ce que	tu as **achetés**?
Combien de fautes	est-ce que	tu as **faites**?

Steht das direkte Objekt in Sätzen mit zusammengesetzten Zeiten aber vor dem Verb, so ist das Partizip Perfekt auch nach dem Hilfsverb *avoir* veränderlich. Du gleichst das Partizip in Genus und Numerus dem direkten Objekt an (nicht dem Subjekt).

MERKE Das direkte Objekt kann nur in drei Fällen vor dem Verb stehen:

1. Das direkte Objekt ist ein direktes Objektpronomen (*me, te, le, la, nous, vous, les*).
2. Das direkte Objekt ist das Relativpronomen *que*.
3. Du fragst nach dem direkten Objekt (mit *quel, combien de* oder *lequel*).

Tu as tout compris?

Solutions ▶ taxona

Ergänze die Sätze mit der richtigen Form des Partizips Perfekt.

1. Combien d'albums est-ce que tu as (acheté/achetée/achetés/achetées)?
2. Tu veux regarder les photos que j'ai (pris/prise/prises) hier soir?
3. Tu as lu la critique que Jef a (écrit/écrite/écrits/écrites)? – Oui, je l'ai (lu/lue/lus/lues).
4. Tu connais le dessinateur François Schuiten? On l'a (vu/vue/vus/vues) hier.

41 Das *plus-que-parfait* | Le plus-que-parfait

▶ U5 V3, p. 114

41.1 Die Bildung des *plus-que-parfait*

j'	avais regardé	j'	étais allé/allée
tu	avais regardé	tu	étais allé/allée
il/elle/on	avait regardé	il	était allé
		elle	était allée
		on	était allé/allée/allés/allées
nous	avions regardé	nous	étions allés/allées
vous	aviez regardé	vous	étiez allé/allée/allés/allées
ils/elles	avaient regardé	ils	étaient allés
		elles	étaient allées

Du bildest das *plus-que-parfait* mit einem Hilfsverb (*avoir* oder *être*) im *imparfait* (▶ p. 17/10) und dem Partizip Perfekt eines Verbs. Im Deutschen wird das Plusquamperfekt genauso gebildet („ich hatte gesehen; sie war gegangen").

L'actrice était allée en France.
Son copain était resté en Belgique.
Ses frères étaient aussi allés en France.
Ses copines étaient venues en France.

Für die Wahl des Hilfsverbs und die Angleichung des Partizips an das Subjekt gelten im plus-que-parfait die gleichen Regeln wie im passé composé.

41.2 Der Gebrauch des *plus-que-parfait*

Quand Eddy Merckx a créé sa marque de vélo, il **avait** déjà **arrêté** sa carrière.
Sœur Emmanuelle est devenue professeure. Avant, elle **avait fait** des études de philosophie.

il **avait arrêté** sa carrière / elle **avait fait** des études — il a créé sa marque de vélo / elle est devenue professeure

Mit dem *plus-que-parfait* kannst du ausdrücken, dass eine vergangene Handlung noch vor einer anderen – ebenfalls vergangenen Handlung – stattgefunden hat, z. B.: Sœur Emmanuelle hat Philosophie studiert, bevor sie Lehrerin geworden ist. Die Handlung, die zuerst stattgefunden hat, schilderst du im *plus-que-parfait*.

Tu as tout compris? Solutions ▶ taxona

Bilde die richtigen Verbformen im *plus-que-parfait*.

1. ils *(avoir)* • 2. tu *(apprendre)* • 3. je *(obtenir)* • 4. elles *(être)* • 5. vous *(revenir)* • 6. nous *(vivre)* • 7. elle *(se lever)* • 8. je *(voir)* • 9. il *(vouloir)* • 10. nous *(s'amuser)* • 11. tu *(monter)* • 12. je *(faire)* • 13. on *(boire)* • 14. vous *(venir)* • 15. il *(devoir)* • 16. elle *(savoir)*

FAIS LE POINT 5

Hier kannst du überprüfen, was du in der *Unité 5* gelernt hast. In der Randspalte findest du den Hinweis auf den passenden Abschnitt im Grammatikheft.
Die Lösungen der Aufgaben findest du unter www.cornelsen/codes **taxona**.

1 Die Pronomen *en* und *y*

▶ G p. 49/36

Beantworte die Fragen und verwende dabei *en* oder *y*.

1. – Tu vas avec nous à la piscine? – Non, / je / *aller* avec Léonie.
2. – Quand est-ce que vous partez de Belgique? – Nous / *partir* / demain.
3. – Est-ce que Valérie et Murad sont déjà revenus de Paris? – Non, / ils / *rester (passé composé)*.
4. – Quand est-ce que les élèves sortent de l'école, aujourd'hui? – Ils / *sortir* / à quatre heures.
5. – Raphaël et Léandre vont chez leurs grands-parents? – Non, / cet été, / ils / ne pas *aller*.
6. – Est-ce que les enfants sont encore à la piscine? – Je ne sais pas. D'habitude, / ils / *sortir* vers 18 heures.

2 Die Verben *fuir* und *s'enfuir*

▶ G p. 50/37

Ergänze die Sätze mit den passenden Formen von *fuir* (a) und *s'enfuir* (b).

a 1. Après cette histoire, les jeunes ? dans la haute montagne. • 2. Notre chat ? quand ma tante arrive avec son chien. • 3. Pendant la guerre, ils ? *(passé composé)* leur village.

b 1. Il ? parce qu'il a peur. • 2. C'est une maison pour jeunes qui ? *(passé composé)* de chez eux. • 3. Quand il se promène avec son chien dans la forêt, tous les animaux ? .

3 Die Inversionsfrage

▶ G p. 50/38

Stelle Inversionsfragen.

1. Vous / *apprendre* / le français? • 2. Tu / *pouvoir* / m'aider? • 3. Que / *faire* / ils? • 4. Comment / vous / *aller*? • 5. Pourquoi / tu / ne pas *répondre* / à mes questions? • 6. Où / tu / *aller*? • 7. Comment / vous / *trouver* / cette BD? • 8. Il / *avoir* / vraiment / raison? • 9. Elle / *parler* / allemand? • 10. Combien / tu / *avoir* payé? • 11. Quand / *venir* / elle? • 12. Quel livre / vous / *avoir* acheté? • 13. Il / *aller* venir / samedi? • 14. Comment / *aller* / tu? • 15. Vous / *être* / d'accord? • 16. Où / *être* / ils?

4 Das Relativpronomen *dont*

▶ G p. 51/39

Bilde Sätze und verwende dabei *dont*.

1. Le garçon / Zoé / *s'occuper* une fois par semaine / *s'appeler* / Moussa.
2. Tu / *aimer (passé composé)* / le livre / on / *parler (passé composé)* / à l'école.
3. Est-ce que tu / *voir (passé composé)* / les photos de Melissa / elle / *être* / très fière.
4. Demain, on / *aller (futur simple)* voir le film / Antoine / nous *parler (passé composé)*.
5. Adam / *venir (passé composé)* avec un copain / je / *oublier (passé composé)* le nom.

→→→

5 Die Angleichung des Partizips Perfekt nach *avoir*

► G p. 52/40

Ergänze die Sätze mit dem Partizip Perfekt der angegebenen Verben. Denke an die Angleichung des Partizips an das direkte Objekt.

1. Est-ce que tu as retrouvé les romans de fantasy que je t'ai *(donner)*?
2. Quels tableaux est-ce que Salvador Dalì a *(peindre)*?
3. – Voilà tes clés. – Mais où est-ce que tu les as *(retrouver)*?
4. Combien d'albums est-ce qu'il a *(dessiner)*?
5. J'ai eu plein de photos de notre soirée. Je ne sais plus où je les ai *(mettre)*. Peut-être que je les ai *(perdre)*.

6 Das *plus-que-parfait*

► G p. 54/41

Passé composé **oder** *plus-que-parfait*? **Ergänze die Sätze mit der richtigen Zeitform des Verbs.**

1. Quand les parents ? *(rentrer)* le soir, Clément et Maël ? encore ? *(ne pas terminer)* leurs devoirs. Quand ils ? enfin ? *(aller)* dans la cuisine, les parents ? déjà ? *(préparer)* le repas.
2. Quand Camille ? *(arriver)* à l'école, les cours ? déjà ? *(commencer)*. Elle ? *(devoir)* rentrer à la maison parce qu'elle ? *(oublier)* son cahier avec les devoirs.
3. Arthur et Pauline ? *(arriver)* à Bruxelles à sept heures du soir. Ils étaient fatigués parce qu'ils ? *(passer)* sept heures dans le train. Leurs amis les attendaient. Arthur et Pauline leur ? *(donner)* les cadeaux qu'ils ? *(acheter)* à Paris.

Unité 6 Demain n'est pas loin

42 Das *conditionnel présent* | Le conditionnel présent

▶ U6 V1, p. 128

42.1 Die Bildung des *conditionnel présent*

			parler	finir	prendre
Infinitiv +	**-ais**	je	parler**ais**	finir**ais**	prendr**ais**
	-ais	tu	parler**ais**	finir**ais**	prendr**ais**
	-ait	il/elle/on	parler**ait**	finir**ait**	prendr**ait**
	-ions	nous	parler**ions**	finir**ions**	prendr**ions**
	-iez	vous	parler**iez**	finir**iez**	prendr**iez**
	-aient	ils/elles	parler**aient**	finir**aient**	prendr**aient**

Du bildest das *conditionnel présent*, indem du an den Infinitiv der meisten Verben, die auf *-er*, *-ir* oder *-re* enden, die Endungen des *conditionnel* anhängst: ***-ais***, ***-ais***, ***-ait***, ***-ions***, ***-iez***, ***-aient***. Diese Endungen kennst du schon vom *imparfait*. ▶ p. 17/10

! Die Verben, die auf *-re* enden, verlieren im *conditionnel* das *-e* des Infinitivs. Das kennst du schon von den Formen des *futur simple*. ▶ p. 47/34

acheter	→	j'achète	→	j'achèterais	*ebenso:* se lever, enlever, se promener
appeler	→	j'appelle	→	j'appellerais	*ebenso:* rappeler
payer	→	je paie	→	je paierais	*ebenso:* essayer, nettoyer, s'ennuyer

Bei diesen Verben auf *-er*, die eine Besonderheit in der Schreibweise haben, hängst du die Endungen des *conditionnel* an die Form der 1. Person Singular Präsens. Auch das kennst du schon vom *futur simple*. ▶ p. 47/34

Ausnahmen:

aller	→	j'**irais**	voir	→	je **verrais**	venir	→	je **viendrais**
avoir	→	j'**aurais**	envoyer	→	j'**enverrais**	tenir	→	je **tiendrais**
être	→	je **serais**	vouloir	→	je **voudrais**	recevoir	→	je **recevrais**
faire	→	je **ferais**	pouvoir	→	je **pourrais**	décevoir	→	je **décevrais**
savoir	→	je **saurais**	devoir	→	je **devrais**	il faut	→	il **faudrait**
			courir	→	je **courrais**	il pleut	→	il **pleuvrait**

Das *conditionnel présent* dieser unregelmäßigen Verben wird mit dem gleichen Stamm gebildet, den du schon vom *futur simple* kennst. ▶ p. 47/34

futur simple:		conditionnel présent:
j'achèterai	→	j'achèterais
je serai	→	je serais
je ferai	→	je ferais
j'aurai	→	j'aurais
j'irai	→	j'irais …

Da diese Verben im *conditionnel* und im *futur simple* den gleichen Stamm haben, kannst du sie gemeinsam lernen.

42.2 Der Gebrauch des *conditionnel présent*

1. Moi, à ta place, **je travaillerais** dans le domaine de l'énergie.
   Ich an deiner Stelle würde in der Energiewirtschaft arbeiten.
2. **Tu pourrais** faire un métier technique.
   Du könntest einen technischen Beruf ergreifen.
3. Plus tard, **je voudrais** faire quelque chose avec mes mains.
   Später möchte/würde ich gerne etwas mit den Händen machen.
4. **Tu pourrais** m'aider, s'il te plaît?
   Könntest du mir bitte helfen?

Mit Hilfe des *conditionnel présent* kannst du Ratschläge geben oder Vorschläge machen (Satz 1 und 2), Wünsche äußern (Satz 3) und höfliche Bitten formulieren (Satz 4).

Tu as tout compris? Solutions ▶ taxona

a Bilde die richtige Form des *conditionnel présent*.
1. je *(être)* • 2. tu *(choisir)* • 3. il *(attendre)* • 4. elle *(faire)* • 5. on *(aller)* • 6. nous *(voir)* • 7. vous *(pouvoir)* • 8. ils *(payer)* • 9. elles *(acheter)* • 10. Léna et Valérie *(avoir)* • 11. ma copine *(devoir)* • 12. les garçons *(croire)* • 13. je *(venir)* • 14. nous *(peindre)*

b Formuliere Ratschläge, Vorschläge, Wünsche oder Bitten.
1. Tu / *pouvoir* / devenir traducteur. • 2. Moi, à ta place, / je / *faire* un stage en Espagne. • 3. Vous / *pouvoir* / m'expliquer cet exercice? • 4. Lise / *vouloir* / passer un an au Québec.

43 Die Verneinung mit *personne ne* ... und *rien ne* ... | La négation avec *personne ne* ... et *rien ne* ...

▶ U6 V1, p. 128

Personne ne comprend Gaétan.
Niemand versteht Gaétan.
Personne ne nous parle.
Niemand spricht mit uns.

Rien ne change dans ma vie.
Nichts ändert sich in meinem Leben.
Rien ne lui fait peur.
Nichts macht ihm/ihr Angst.

Die Verneinungswörter *personne ne* ... und *rien ne* ... stehen immer zusammen vor dem Verb und sind Subjekt des Satzes. Das Verb nach *personne ne* ... und *rien ne* ... steht immer in der 3. Person Singular. Vor dem Verb kann auch noch ein Objektpronomen stehen.

1. Nathan n'aide personne.
   Nathan hilft niemandem.
2. Personne n'aide Nathan.
   Niemand hilft Nathan.
3. Il ne veut parler à personne.
   Er will mit niemandem sprechen.
4. Personne ne veut lui parler.
   Niemand will mit ihm sprechen.
5. Il ne s'intéresse à rien.
   Er interessiert sich für nichts.
6. Rien ne l'intéresse.
   Nichts interessiert ihn.

! Verwechsle nicht *personne ne … / rien ne …* und *ne … personne / ne … rien*.

Personne ne … / Rien ne …
– stehen immer zusammen vor dem Verb;
– kannst du nicht mit Präpositionen verwenden.

ne … personne / ne … rien
– bilden eine Verneinungsklammer um das Verb;
– kannst du mit Präpositionen verwenden (Satz 3 und 5).

MERKE

Personne ne …	Niemand …	Subjekt
Rien ne …	Nichts …	
ne (Verb) ***personne***	… niemand, niemanden	Objekt
ne (Verb) ***rien***	… nichts	

Tu as tout compris? Solutions ▶ taxona

Bilde Sätze mit *personne ne …* und *rien ne …*

1. Leur *donner* / des conseils. • 2. *Être* difficile / pour elle. • 3. Lui *faire* peur. • 4. Samedi, / l'*accompagner* / au ciné. 5. Leur *plaire*. • 6. *Voir (passé composé)* / Sylvain depuis six mois.

44 Das unregelmäßige Verb *croire* | Le verbe irrégulier *croire*

▶ U6 V1, p. 128

	croire
je	crois
tu	crois
il/elle/on	croit
nous	croyons
vous	croyez
ils/elles	croient
impératif	Crois. Croyons. Croyez.
imparfait	je croyais
futur simple	je croirai
conditionnel	je croirais
subjonctif	que je croie, que nous croyions
passé composé	j'ai cru

Tu as tout compris? Solutions ▶ taxona

Ergänze mit der passenden Verbform.

1. Tu ? que ça marche? • 2. Il ? que nous avons trouvé la solution. • 3. Ils ? qu'il faut travailler plus. • 4. ? -moi. *(zwei Möglichkeiten)* • 5. Je ? *(imparfait)* qu'on était amis.

45 Der irreale Bedingungssatz | La condition irréelle

▶ U6 V2, p. 133

Si ses parents n'**étaient** pas contre, Marina **deviendrait** reporter.
Si j'**étais** un personnage célèbre, je **serais** Jacques Cartier parce que je suis curieuse.

Mit einem irrealen Bedingungssatz kannst du ausdrücken, was geschehen würde, wenn eine bestimmte Bedingung erfüllt wäre (sie ist es aber nicht). Im irrealen Bedingungssatz verwendest du im *si*-Satz (Nebensatz) *imparfait* und im Hauptsatz *conditionnel présent*.

MERKE	*si*-Satz:	Hauptsatz:	**s'il**	aber:	**si elle, si on**
	imparfait	*conditionnel présent*	**s'ils**		**si elles**

🇫🇷 S'il **faisait** beau, on **irait** à la plage. — *imparfait – conditionnel présent*
🇬🇧 If the weather **was** fine, we **would go** to the beach. — simple past – conditional I

Den Gebrauch dieser Verbformen kennst du schon vom englischen Bedingungssatz.

Tu as tout compris? Solutions ▶ taxona

Ergänze mit der passenden Form des Verbs.

1. Si je/j' *(être)* prof de français, je *(voyager)* en France avec mes élèves.
2. Si on *(voyager)* en France ensemble, on *(visiter)* Paris, on *(prendre)* le métro, on *(aller)* aux Galeries Lafayette et on *(monter)* sûrement sur la tour Eiffel.
3. Si on *(monter)* sur la tour Eiffel, on *(faire)* un tas de photos de Paris.

46 Das *présent duratif* (*être en train de* + Infinitiv) | Le présent duratif (*être en train de* + infinitif)

▶ U6 V3, p. 137

1. Je **suis en train d'écrire** mon CV.
   Ich bin gerade dabei, meinen Lebenslauf zu schreiben.
2. Je **suis en train de préparer** mon examen.
   Ich bin gerade dabei, meine Prüfung vorzubereiten.
3. J'**étais en train d'écrire** mon CV, quand la patronne m'a appelé.
   Ich war gerade dabei meinen Lebenslauf zu schreiben, als die Chefin mich angerufen hat.

Mit *être en train de* + Infinitiv drückst du aus, dass jemand gerade dabei ist, etwas zu tun. *Être en train de* + Infinitiv kannst du auch im *imparfait* verwenden, um auszudrücken, dass jemand gerade dabei war, etwas zu tun (Satz 3).

Tu as tout compris? Solutions ▶ taxona

Beantworte die Fragen. Verwende dabei *être en train de* + Infinitiv.

1. – Tu viens avec nous? – Non, je *(préparer l'interro de français)*. • 2. – Où sont Enzo et Sasha? – Ils *(faire les courses)*. • 3. – Qu'est-ce que vous faites? – Nous *(écouter de la musique)*. • 4. – Vous avez terminé votre travail? – Non, mais nous *(le terminer)*. • 5. – Tu pourrais m'aider? – Non, je *(téléphoner)*.

47 Das *passé récent* (*venir de* + Infinitiv) | Le passé récent (*venir de* + infinitif)

▶ U6 V3, p. 137

1. Je **viens de commencer** l'espagnol.
   Ich habe gerade angefangen Spanisch zu lernen.
2. Victor **vient d'envoyer** sa lettre de motivation à l'Hôtel des Européens.
   Victor hat gerade seine Bewerbung an das Hôtel des Européens abgeschickt.
3. Victor **venait d'appeler** l'hôtel quand la patronne l'a appelé.
   Victor hatte gerade das Hotel angerufen, als die Chefin ihn anrief.

Mit *venir de* + Infinitiv drückst du aus, dass eine Handlung gerade eben erst abgeschlossen worden ist. *Venir de* + Infinitiv kannst du auch im *imparfait* verwenden, um auszudrücken, dass eine Handlung in der Vergangenheit gerade eben erst abgeschlossen worden war (Satz 3).

Tu as tout compris? Solutions ▶ taxona

Bilde Sätze. Verwende dabei *venir de* + Infinitiv.

1. Victor est content. Il *(parler à la patronne au téléphone)*. • 2. Léna et ses copines *(commencer le hockey sur glace)*. • 3. – Bonjour, Monsieur. Est-ce que je pourrais parler à Mia? – Non, elle *(partir)*. • 4. – Salut, Léandre. Tu es chez toi? – Non, je *(sortir)*.

48 Das Relativpronomen *lequel* | Le pronom relatif *lequel*

▶ U6 V3, p. 137

Tu connais l'hôtel **dans lequel** Victor veut faire un stage?	..., in dem ...
Les gens **pour lesquels** nous faisions la cuisine venaient de différents pays.	..., für die ...
Tu prends une photo **sur laquelle** tu souris.	..., auf dem ...
Voilà mes copines **avec lesquelles** je joue au basket depuis un an.	..., mit denen ...

Das Relativpronomen *lequel* verwendest du nach Präpositionen. Die Präposition mit *lequel* leitet einen Relativsatz ein. *Lequel* ist veränderlich und wird in Genus und Numerus dem Wort angeglichen, auf das es sich bezieht.

Das Relativpronomen *lequel* wird aus einem bestimmten Artikel (*le*, *la*, *les*) und einer Form des Fragebegleiters *quel* (▶ p. 67/51) zusammengesetzt.

MERKE lequel laquelle
lesquels lesquelles

Das Relativpronomen **lequel** hat die gleiche Form wie das Fragepronomen **lequel**. ▶ p. 42/31

Voilà mes copines **avec lesquelles** je joue au basket depuis un an.
Voilà mes copines **avec qui** je joue au basket depuis un an.

Lequel wird fast nur dann verwendet, wenn das Bezugswort eine Sache ist. Ist das Bezugswort eine Person oder mehrere Personen, wird eine Präposition + *qui* vorgezogen.

J'ai vu la sœur de Patrick **avec laquelle** je fais du cheval.
Ich habe die Schwester von Patrick gesehen, mit der ich reiten gehe.
J'ai vu la sœur de Patrick **avec lequel** je fais du cheval.
Ich habe die Schwester von Patrick gesehen, mit dem ich reiten gehe.

Präposition + *lequel* verwendest du dann mit Personen, wenn du Verwechslungen ausschließen möchtest. (*avec qui* könnte sich in diesen Beispielen auf Patrick oder seine Schwester beziehen.)

La patronne de l'hôtel a deux candidats **entre lesquels** elle doit choisir.
J'ai beaucoup d'amis **parmi lesquels** il y a aussi des Français.

Mit den Präpositionen *entre* und *parmi* verwendest du immer *lequel*, auch wenn das Bezugswort eine Person ist.

Tu as tout compris? Solutions ▶ taxona

Ergänze die Sätze mit einer Präposition *(avec, sur, sans, pour, entre, dans)* und der passenden Form von *lequel*.

1. Qui sont les garçons *(mit denen)* Simon est sorti hier soir? • 2. Nassim est un copain *(auf den)* je peux compter. • 3. Il y a deux entreprises *(zwischen / unter denen)* je dois choisir. • 4. Mon copain Léandre a trouvé un collège près de Paris *(in dem)* il peut faire son stage. • 5. Près de notre village, il y a une entreprise *(für das)* j'aimerais travailler. • 6. Comment s'appelle l'association *(für die)* ton frère travaille? • 7. Je cherche le journal *(in dem)* Anissa a publié son article. • 8. Vous devez encore écrire votre lettre de motivation *(ohne den)* vous ne pouvez pas poser votre candidature.

Hier kannst du überprüfen, was du in der *Unité 6* gelernt hast. In der Randspalte findest du den Hinweis auf den passenden Abschnitt im Grammatikheft.
Die Lösungen der Aufgaben findest du unter www.cornelsen/codes **taxona**.

1 Das *conditionnel présent*

▶ G p. 57/42

a Bilde die richtige Form des *conditionnel présent*.

1. nous *(avoir)* • 2. il *(courir)* • 3. je *(se promener)* • 4. vous *(vouloir)* • 5. elle *(s'ennuyer)* • 6. ils *(plaire)* • 7. je *(croire)* • 8. on *(atteindre)* • 9. tu *(suivre)* • 10. elles *(se plaindre)* • 11. Alex *(peindre)* • 12. les filles *(se lever)* • 13. nous *(finir)* • 14. tu *(acheter)* • 15. je *(être)* • 16. on *(aller)*

b Formuliere Vorschläge und Ratschläge.

1. Victor / *pouvoir* / poser sa candidature dans un hôtel.
2. À sa place, je / *travailler* / à Strasbourg.
3. Victor et Léon / *pouvoir* / aussi aller en Espagne.
4. Élise / *devoir* / faire un métier artistique.
5. Vous / *pouvoir* / venir chez nous.
6. Pour ton CV, il / *falloir* / choisir une belle photo.
7. À ma place, Amélie / *aller* / au Japon.
8. Tu / ne pas *devoir* / être en retard chaque jour.

2 Die Verneinung mit *personne ne ...* und *rien ne ...*

▶ G p. 58/43

a Beantworte die Fragen verneint. Verwende dabei *personne ne ...* oder *ne ... personne*.

1. – Est-ce que vous avez vu Nico et Loreen? – Non, nous ...
2. – Qui a téléphoné tard hier soir?
3. – Tu as vu quelqu'un dans la salle de classe?
4. – Est-ce que vous avez aidé votre grand-père?
5. – Qui est-ce qui a invité Nadia à notre fête, samedi?
6. – Avec qui est-ce que Alex va travailler?
7. – Tu as parlé à Nina?
8. – Qui t'a aidé?

b Beantworte die Fragen verneint. Verwende dabei *rien ne ...* oder *ne ... rien*.

1. – Qu'est-ce que tu as fait? – Je ...
2. – Qu'est-ce qui intéresse tes copains?
3. – Qu'est-ce que vous avez acheté?
4. – Qu'est-ce qui s'est passé?
5. – Qu'est-ce que vous voulez offrir à Aurélie?
6. – Qu'est-ce qui est difficile pour toi?
7. – Qu'est-ce qui a changé?
8. – Qu'est-ce que Zoé a dit?

→→→

3 Der irreale Bedingungssatz

► G p. 60/45

Ergänze die irrealen Bedingungssätze mit den passenden Verbformen.

1. Si Monsieur Moreau *(avoir)* un chien, il *(se promener)* chaque jour.
2. Mais qu'est-ce que tu *(faire)*, si tu *(ne pas devoir)* aller à l'école?
3. Si mes copines *(ne pas devoir)* aller en cours aujourd'hui, elles *(faire du sport)*.
4. Si je *(pouvoir)* faire un grand voyage, je/j' *(aller)* en Afrique.
5. Si Xavier *(avoir)* plus de temps, il *(apprendre)* à jouer de la guitare.
6. Si je/j' *(être)* le principal[1] de mon collège, je/j'*(organiser)* un match de foot entre les profs et les élèves tous les ans.
7. Qu'est-ce qui *(changer)*, si vous *(avoir)* des meilleures notes à l'école?
8. Où est-ce que tu *(aller)*, si tu *(devoir)* aller dans un autre pays?

1 **le principal** der Schulleiter

4 Das *présent duratif* und das *passé récent*

► G p. 60/46
p. 61/47

Verwende *être en train de* + Infinitiv oder *venir de* + Infinitiv. Wie sagst du auf Französisch, dass ...

1. ... du gerade den Bus verpasst hast?
2. ... Amélie und Jacob gerade einen Bewerbungsbrief schreiben?
3. ... Paul gerade eine interessante Webseite gefunden hat?
4. ... du gerade eine Mail von jemandem bekommen hast, den du nicht kennst?
5. ... Victor dabei ist, ein Praktikum zu suchen?
6. ... du nicht kommst, weil du gerade dabei bist, ein Plakat für die Schule zu machen?
7. ... Mia gerade gesagt hat, dass sie einverstanden ist.
8. ... Herr und Frau Bertrand gerade dabei waren das Haus zu verlassen, als es anfing zu regnen. !
9. ... deine Freunde gerade dabei sind, ihre Eltern anzurufen?
10. ... du gerade aufgestanden warst, als deine Freunde gekommen sind? !

5 Das Relativpronomen *lequel*

► G p. 61/48

Ergänze die Sätze mit einer Präposition (*avec*, *sans*, *pour*, *sur*, *dans*) und der passenden Form von *lequel*.

1. S'il te plaît, cherche une photo ? on voit toute la famille.
2. Ma sœur a des idées ? je suis toujours d'accord.
3. C'est un problème ? je ne vois absolument pas de solution.
4. Le livre ? j'apprends le français s'appelle *À plus!*
5. Vous connaissez des films ? on parle allemand et français?
6. Quelle est la personne ? vous ne voulez pas vivre? *(zwei Lösungsmöglichkeiten)*
7. Tu connais des formations ? il ne faut pas faire des stages?
8. Quels sont les domaines ? tu ne voudrais pas travailler?

49 Das *conditionnel passé* | Le conditionnel passé

▶ M6 p. 148

49.1 Die Bildung des *conditionnel passé*

j'	aurais	parlé	j'	serais	arrivé/arrivée
tu	aurais	parlé	tu	serais	arrivé/arrivée
			il	serait	arrivé
il/elle/on	aurait	parlé	elle	serait	arrivée
			on	serait	arrivé/arrivée/arrivés/arrivées
nous	aurions	parlé	nous	serions	arrivés/arrivées
vous	auriez	parlé	vous	seriez	arrivé/arrivée/arrivés/arrivées
ils/elles	auraient	parlé	ils	seraient	arrivés
			elles	seraient	arrivées

Du bildest das *conditionnel passé* mit einem Hilfsverb (*avoir* oder *être*) im *conditionnel présent* und dem Partizip Perfekt eines Verbs. Die Verben, die das *passé composé* mit *être* bilden (▶ p. 76–77/55.4), bilden auch das *conditionnel passé* mit *être*.
Für die Angleichung des Partizips Perfekt gelten die gleichen Regeln wie beim *passé composé*: Du gleichst das Partizip in Genus und Numerus dem Subjekt an. ▶ p. 76/55.4

49.2 Der Gebrauch des *conditionnel passé*

Tu **aurais dû** y aller.	... hättest ... gehen müssen/sollen ...
Elle **aurait dû** le faire.	... hätte es machen müssen/sollen ...
Il **aurait rencontré** la femme de sa vie.	... hätte ... getroffen ...
Yasmine **serait devenue** chanteuse.	... wäre ... geworden ...

Mit dem *conditionnel passé* kannst du eine Aussage über etwas machen, das in der Vergangenheit hätte stattfinden können, aber tatsächlich nicht stattgefunden hat. Außerdem kannst du das *conditionnel passé* zum Ausdruck von Vermutungen, Vorwürfen oder Kritik verwenden.

Tu as tout compris? Solutions ▶ taxona

Formuliere mit den Vorgaben Vorwürfe und Vermutungen.

1. Tu / *pouvoir* / faire attention. • 2. Vous / *pouvoir* / m'attendre. • 3. Sans vous, / ils / ne pas *se débrouiller*. • 4. Antoine / *aller* / en France avec ses copains. • 5. Sans ses copains, / il / ne pas *faire* / ce film. • 6. On / ne pas *devoir* / aller à cette fête.

50 Der irreale Bedingungssatz (Vergangenheit) | La condition irréelle (passé)

► M6 p.148

imparfait — conditionnel présent

Si ses parents n'**étaient** pas contre, Marina **deviendrait** reporter.

Du kennst schon den irrealen Bedingungssatz, mit dem du ausdrücken kannst, was geschehen würde, wenn eine bestimmte Bedingung erfüllt wäre (sie **ist** es aber nicht). ► p.48/35

Si ce type **avait** mieux **tenu** sa bouteille, elle ne **serait** pas **tombée**.
Wenn der Typ seine Flasche besser festgehalten hätte, wäre sie nicht heruntergefallen.

Si mon pneu n'**avait** pas **crevé**, je n'**aurais** pas **couru** vers le métro.
Wenn mein Reifen nicht geplatzt wäre, wäre ich nicht zur Metro gelaufen.

Du kannst auch ausdrücken, was in der Vergangenheit passiert wäre (es ist aber nicht passiert), wenn eine bestimmte Bedingung erfüllt gewesen wäre (sie war es aber nicht). Im irrealen Bedingungssatz, der auf die Vergangenheit bezogen ist, verwendest du im *si*-Satz ***plus-que-parfait*** (► p.54/41) und im Hauptsatz ***conditionnel passé***.

Tu as tout compris?

Solutions ► taxona

Bilde irreale Bedingungssätze, die sich auf Vergangenes beziehen.

1. ce type / *faire* attention / le pneu / ne pas *crever*.
2. il / ne pas *aller* en métro / il / ne pas *rencontrer* cette fille.
3. elle / *mettre* son pull / elle / ne pas *avoir* froid.
4. je / *avoir* le temps / je / te *appeler*.
5. ils / ne pas se *dépêcher* / ils / *rater* leur train.
6. nous / *comprendre* ses questions / nous / *répondre*.

Auf einen Blick: Der Bedingungssatz

Es gibt drei Arten von Bedingungssätzen:

		Nebensatz mit *si*	Hauptsatz	
Typ 1	reale Bedingung:	***présent***	***présent / futur simple***	= Erfüllung möglich
Typ 2	irreale Bedingung:	***imparfait***	***conditionnel présent***	= Erfüllung unwahrscheinlich
Typ 3	irreale Bedingung:	***plus-que-parfait***	***conditionnel passé***	= Erfüllung unmöglich

► p.48/35; p.60/45; p.66/50

If the weather is fine, we will go for a walk.	simple present / future
If the weather was fine, we would go for a walk.	simple past / conditional I
If the weather had been fine, we would have gone for a walk.	past perfect / conditional II

In englischen Bedingungssätzen verwendest du die Verben in den gleichen Tempora und Modi wie im Französischen.

Hier findest du eine Zusammenfassung der Grammatik von *À plus! 1* **Méthode intensive**.

51 Die Begleiter des Nomens | Les déterminants du nom

Der bestimmte Artikel

	maskulin ♂		feminin ♀	
	vor Konsonant	vor Vokal	vor Konsonant	vor Vokal
Singular	**le** garçon	**l'**ascenseur	**la fille**	**l'**exposition
Plural	**les** garçons	**les**_ascenseurs	**les** filles	**les**_expositions

Der unbestimmte Artikel 1

	maskulin ♂		feminin ♀	
	vor Konsonant	vor Vokal	vor Konsonant	vor Vokal
Singular	**un** garçon	**un**_ascenseur	**une** fille	**une** exposition
Plural	**des** garçons	**des**_ascenseurs	**des** filles	**des**_expositions

Der Demonstrativbegleiter

	maskulin ♂		feminin ♀	
	vor Konsonant	vor Vokal	vor Konsonant	vor Vokal
Singular	**ce** garçon	**cet**_ascenseur	**cette** fille	**cette** exposition
Plural	**ces** garçons	**ces**_ascenseurs	**ces** filles	**ces**_expositions

Der Fragebegleiter *quel*

	maskulin ♂		feminin ♀	
	vor Konsonant	vor Vokal	vor Konsonant	vor Vokal
Singular	**Quel** garçon?	**Quel** ascenseur?	**Quelle** fille?	**Quelle** exposition?
Plural	**Quels** garçons?	**Quels**_ascenseurs?	**Quelles** filles?	**Quelles**_expositions?

Der Begleiter *tout* 2

	maskulin ♂		feminin ♀	
	vor Konsonant	vor Vokal	vor Konsonant	vor Vokal
Singular	**tout** le livre	**tout** l'argent	**toute** la classe	**toute** l'équipe
Plural	**tous** les garçons	**tous** les_amis	**toutes** les classes	**toutes** les_amies

Der Possessivbegleiter 3

	maskulin ♂		feminin ♀	
	vor Konsonant	vor Vokal	vor Konsonant	vor Vokal
Singular	**mon/ton/son** livre	**mon/ton/son**_ami	**ma/ta/sa** sœur	**mon/ton/son**_idée
Plural	**mes/tes/ses** livres	**mes/tes/ses**_amis	**mes/tes/ses** sœurs	**mes/tes/ses**_idées
Singular	**notre/votre/leur** livre	**notre/votre/leur** ami	**notre/votre/leur** sœur	**notre/votre/leur** idée
Plural	**nos/vos/leurs** livres	**nos/vos/leurs**_amis	**nos/vos/leurs** sœurs	**nos/vos/leurs**_idées

→→→

> **1** Den Plural des unbestimmten Artikels gibt es im Deutschen nicht.
> **2** *Tout* im Singular bedeutet „ganz", im Plural „alle". Nach *tout* steht meistens ein weiterer Begleiter.
> **3** Französische Possessivbegleiter richten sich in Genus und Numerus nur nach dem Nomen, vor dem sie stehen. Vor femininen Nomen, die mit einem Vokal beginnen, steht nicht *ma*, *ta*, *sa*, sondern *mon*, *ton*, *son*.

51.1 Der Gebrauch des bestimmten Artikels | L'emploi de l'article défini

– On va au cinéma, **vendredi**? ... am Freitag
– Non, **le vendredi**, je suis toujours chez ma grand-mère. ... freitags ...

> Wenn du einen einzigen, bestimmten Wochentag meinst, verwendest du den Wochentag ohne Artikel. Wenn du nicht einen einzelnen, sondern einen regelmäßig wiederkehrenden Wochentag meinst, verwendest du den Wochentag mit bestimmtem Artikel.

Il aime **la** musique.	Er mag ■ Musik.
Elle déteste **le** tennis.	Sie hasst ■ Tennis.
Romain préfère **l'**athlétisme.	Romain mag lieber ■ Leichtathletik.
Hélène adore **les** chiens.	Hélène liebt ■ Hunde.

> Nach den Verben *aimer*, *détester*, *préférer* und *adorer* steht der bestimmte Artikel vor dem Nomen. Das ist im Deutschen anders.

51.2 Der zusammengezogene Artikel | L'article contracté

mit *à*

Nous allons **au** marché.
On va souvent **à la** piscine.
Ils sont **à l'**auberge de jeunesse.
Elle va **aux** Galeries Lafayette.

mit *de*

Les jeunes font **du** foot.
C'est près **de la** tour Eiffel.
La porte est à côté **de l'**ascenseur.
Le quartier **des** Halles est joli.

> Die bestimmten Artikel *le* und *les* werden mit den Präpositionen *à* und *de* zusammengezogen. Die bestimmten Artikel *la* und *l'* werden nicht mit den beiden Präpositionen zusammengezogen.
>
> **MERKE**
>
> ~~à + le~~ = **au** ~~de + le~~ = **du**
> ~~à + les~~ = **aux** ~~de + les~~ = **des**

52 Die Mengenangaben | Les quantifiants

Ils achètent **trois bouteilles de**	coca	... drei Flaschen ■ Cola
et **un litre de**	lait.	... einen Liter ■ Milch.
Marie achète **deux paquets de**	beurre.	... zwei Päckchen ■ Butter.
Son père achète **500 grammes de**	fraises.	... 500 Gramm ■ Erdbeeren.
Jules achète **un kilo de**	farine.	... ein Kilo ■ Mehl.
Pour le gâteau, il faut **beaucoup de**	chocolat	... viel ■ Schokolade
et un **peu de**	cacao.	... etwas ■ Kakao.
Marie n'achète **pas de**	chips.	... keine ■ Chips.
Éva n'a **plus d'**	œufs.	... keine ■ Eier mehr.

Mengenangaben können Nomen sein *(un kilo, un litre, un paquet)*, Adverbien *(beaucoup, trop, peu)* oder Verneinungen *(ne ... pas de, ne ... plus de)*. Im Französischen verwendest du nach Mengenangaben die Präposition *de* und dann das Nomen ohne Artikel. Im Deutschen wird das Nomen ohne Präposition direkt an die Mengenangabe angeschlossen („ein Liter Milch"). Vor einem Nomen, das mit Vokal oder stummem *h-* beginnt, verkürzt du *de* zu *d'*.

53 Das Adjektiv | L'adjectif

Im Französischen musst du die Adjektive dem Nomen, zu dem sie gehören, in Genus und Numerus anpassen. Französische Adjektive können unterschiedliche Endungen haben.

		maskulin ♂	feminin ♀
Singular Plural	1	un **grand** garçon des **grands** garçons	une **grande** fille des **grandes** filles
Singular Plural Singular Plural	2	un **joli** quartier des **jolis** quartiers un marché **animé** des marchés **animés**	une **jolie** chambre des **jolies** chambres une rue **animée** des rues **animées**
Singular Plural	3	un parc **calme** des parcs **calmes**	une ville **calme** des villes **calmes**
Singular Plural	4	un copain **génial** des copains **géniaux**	une idée **géniale** des idées **géniales**
Singular Plural	5	un copain **sportif** des copains **sportifs**	une copine **sportive** des copines **sportives**
Singular Plural	6	un garçon **heureux** des garçons **heureux**	une fille **heureuse** des filles **heureuses**

Das ist die größte Gruppe der Adjektive.

Singular **7** Plural Singular Plural	un **bon** gâteau des **bons** gâteaux un film **nul** des films **nuls**	une **bonne** idée des **bonnes** idées une idée **nulle** des idées **nulles**
Singular **8** Plural	un loyer **bas** des loyers **bas**	une étagère **basse** des étagères **basses**
Singular **9** Plural	un cadeau **cher** des cadeaux **chers**	une robe **chère** des robes **chères**
Singular **10** Plural	un prof **sympa** des profs **sympa**	une bédé **sympa** des bédés **sympa**
Singular **11** Plural	un jean **long**/**blanc** des jeans **longs**/**blancs**	une robe **longue**/**blanche** des robes **longues**/**blanches**

1 Die feminine Form hat ein *-e*, das die Aussprache verändert.
2 Das *-e* der femininen Form wird nicht ausgesprochen.
3 Maskuline und feminine Form enden auf *-e*.
4 Die Adjektive auf *-al* haben eine maskuline Pluralform auf *-aux*.
5 Adjektive auf *-if* haben eine feminine Form auf *-ive*.
6 Adjektive auf *-eux* haben eine feminine Form auf *-euse* und nur eine maskuline Form.
7 Für die feminine Form verdoppelst du den Endkonsonanten der maskulinen Form und hängst ein *-e* an.
8 Adjektive auf *-s* haben nur eine maskuline Form in Singular und Plural.
9 Die feminine Form hat ein *-e* und einen *accent grave* (*-è*) auf dem ersten *-e-*.
10 *Sympa*, *super* und *cool* sind unveränderlich.
11 Merke dir die unregelmäßigen femininen Formen der Adjektive *long* und *blanc*.

53.1 Die Adjektive *beau*, *nouveau* und *vieux* | Les adjectifs *beau*, *nouveau* et *vieux*

	maskulin ♂		feminin ♀
	vor Konsonant	vor Vokal und stummem *h-*	
Singular Plural	un **beau** pull des **beaux** pulls	un **bel** anorak des **beaux**‿anoraks	une **belle** robe des **belles** robes
Singular Plural	un **nouveau** sac des **nouveaux** sacs	un **nouvel** habitant des **nouveaux**‿habitants	une **nouvelle** jupe des **nouvelles** jupes
Singular Plural	un **vieux** foulard des **vieux** foulards	un **vieil** ordinateur des **vieux**‿ordinateurs	une **vieille** armoire des **vieilles**‿armoires

Diese drei Adjektive haben im Singular zwei maskuline Formen. *Bel*, *nouvel* und *vieil* stehen nur vor maskulinen Nomen, die mit einem Vokal oder einem stummen *h-* beginnen.

53.2 Die Stellung des Adjektivs | La place de l'adjectif

Il aime les tee-shirts **blancs/noirs/verts/rouges/bleus.**
Ce n'est pas ma couleur **préférée.**
C'est une idée **super/sympa/cool/bête.**

> Alle Farbadjektive stehen hinter dem Nomen.

Im Französischen stehen die meisten Adjektive hinter dem Nomen, zu dem sie gehören. Im Deutschen dagegen stehen die Adjektive immer vor dem Nomen.

Elle porte une	**belle**	robe.
Montre ton	**nouveau**	portable.
Moi, j'ai un	**vieux**	portable.
Tu connais la	**grande**	sœur de Martin?
J'ai une	**petite**	chambre.
Gaspard a un	**joli**	costume.

> Vor dem Nomen stehen:
> *Mauvais, vieux, beau, autre* und *nouveau.*
> *Bon, jeune, joli, long, grand, petit.*

! Nur diese häufig gebrauchten Adjektive stehen vor dem Nomen.

Gaspard cherche un **nouveau** costume **intéressant.**
Gabin achète un **nouvel** anorak **sportif** et **cool.**

! Bei einem Nomen können auch mehrere Adjektive stehen: Vor- und nachgestellte.

54 Das Pronomen | Le pronom

54.1 Das Personalpronomen | Le pronom personnel

	1 verbundene Personalpronomen	**2** unverbundene Personalpronomen	**3** direkte Objektpronomen	**4** indirekte Objektpronomen
Singular				
1. Person	je	moi	**me/m'**	**me/m'**
2. Person	tu	toi	**te/t'**	**te/t'**
3. Person	il/elle/on	lui/elle	le/la/l'	lui
Plural				
1. Person	**nous**	**nous**	**nous**	**nous**
2. Person	**vous**	**vous**	**vous**	**vous**
3. Person	ils/elles	eux/elles	les	leur

→→→

54.2 Der Gebrauch der Personalpronomen | L'emploi des pronoms personnels

1 Verbundene Personalpronomen

J'ai une nouvelle copine. **Elle** m'écrit souvent. **On** va souvent au cinéma ensemble.

> Die verbundenen Personalpronomen stehen vor dem Verb und sind immer Subjekt des Satzes. Im gesprochenen Französisch wird *on* oft anstelle von *nous* verwendet.

2 Unverbundene Personalpronomen

Louise ne vient plus avec **nous**.
Lui, il s'appelle Romain.

Sur la photo, c'est **moi**.
– Qui fait le gâteau ? – **Moi**.

> Die unverbundenen Personalpronomen verwendest du nach Präpositionen (z. B. *pour, avec, sans*), nach *c'est* und *ce sont*, vor einem verbundenen Personalpronomen zur Verstärkung und alleinstehend.

3 Direkte Objektpronomen

– Tu connais Romain? – Non, je ne **le** connais pas.
– Mais tu connais sa nouvelle copine? – Non, je ne **la** connais pas.

> Die direkten Objektpronomen ersetzen direkte Objekte. ► p. 79/57.1

4 Indirekte Objektpronomen

– Tu as montré ces photos à tes copines? – Non, je ne **leur** ai rien montré.
– Est-ce que tu as parlé à Hannah? – Non, je ne **lui** ai pas parlé.

> Die indirekten Objektpronomen ersetzen indirekte Objekte. ► p. 79/57.1
> Zur Stellung der direkten und indirekten Objektpronomen im Satz: ► p. 80/57.2

54.3 Die Relativpronomen *qui, que* und *où* | Les pronoms relatifs *qui, que* et *où*

Voilà la rue **qui** va jusqu'au collège.
Voilà le quartier **où** j'habite.

Voilà la boulangerie **que** je préfère.

qui

C'est un homme	**qui** a des enfants.	..., der ...
C'est un anorak	**qui** me plaît.	..., der ...
Tu as une amie	**qui** joue aux échecs?	..., die ...
Ce sont les gens	**qui** habitent à côté de chez moi.	..., die ...

Qui verkürzt du nie!

> Das Relativpronomen *qui* leitet einen Nebensatz (Relativsatz) ein. *Qui* ist unveränderlich. Es bezieht sich auf maskuline und feminine Nomen im Singular und Plural. *Qui* ist das Subjekt des Relativsatzes. Auf *qui* folgt ein Verb, vor dem auch ein Objektpronomen stehen kann (... *qui* ***me*** *plaît*). *Qui* wird mit „der, die, das" ins Deutsche übersetzt.

C'est un copain	**à qui** je raconte mes problèmes.	(raconter qc **à** qn)	..., dem ...
Ce sont des copains	**avec qui** je chatte souvent.	(chatter **avec** qn)	..., mit denen ...
C'est une copine	**chez qui** je vais souvent.	(aller **chez** qn)	..., zu der ...

Das Relativpronomen *qui* kannst du auch mit Präpositionen verwenden.

que

C'est un gâteau	**que** les gens mangent en janvier.	..., den ...
C'est la série	**que** je regarde souvent.	..., die ...
C'est une fille	**que** je connais.	..., das ...
Ce sont des vêtements	**qu'**on adore.	..., die ...

Auch das Relativpronomen *que* leitet einen Relativsatz ein, ist unveränderlich und steht für maskuline und feminine Nomen im Singular und Plural. *Que* ist das Objekt des Relativsatzes. Auf *que* folgt das Subjekt des Relativsatzes. Vor einem Vokal musst du *que* zu *qu'* verkürzen. *Que* wird mit „den, die, das" ins Deutsche übersetzt.

où

On cherche un endroit	**où** on peut observer des poissons.
C'est une place	**où** les jeunes aiment faire des pique-niques.
Je connais des plages	**où** nous pouvons faire du surf.

Das Relativpronomen *où* steht anstelle einer Ortsangabe. Auf *où* folgt das Subjekt des Relativsatzes.

55 Das Verb | Le verbe

55.1 Die Verbgruppen | Les groupes des verbes

Verben auf *-er*	Verben auf *-dre*	Verben auf *-ir*	unregelmäßige Verben auf *-ir, -re*
z. B. *regarder*	z. B. *attendre*	z. B. *finir*	z. B. *venir, lire*

Französische Verben werden nach der Endung ihres Infinitivs in Gruppen eingeteilt. In den einzelnen Gruppen gibt es noch kleine Untergruppen.

→→→

55.2 Das Präsens | Le présent

> 90 % aller französischen Verben enden auf **-er**.

Regelmäßige Verben

Verben auf *-er*

	regarder
je	regarde
tu	regardes
il/elle/on	regarde
nous	regardons
vous	regardez
ils/elles	regardent

Verben auf *-er* mit orthographischen Besonderheiten:
acheter → j'achète (*ebenso:* crever)
appeler → j'appelle
préférer → je préfère (*ebenso:* protéger, répéter)
payer → je paie (*ebenso:* envoyer, essayer, nettoyer)
manger → nous mangeons (*ebenso:* changer, mélanger, ranger)
commencer → nous commençons (*ebenso:* avancer, prononcer)

► Schülerbuch, S. 178

Imperativ Regarde. Regardons. Regardez.

Verben auf *-dre*

	attendre
j'	attends
tu	attends
il/elle/on	attend
nous	attendons
vous	attendez
ils/elles	attendent

ebenso: correspondre, descendre, entendre, perdre, répondre, vendre

Imperativ Attends. Attendons. Attendez.

Diese Verben enden in der 3. Person Singular auf *-d*.

Verben auf *-ir*

	finir
je	finis
tu	finis
il/elle/on	finit
nous	finissons
vous	finissez
ils/elles	finissent

ebenso: choisir, réfléchir, réussir

Imperativ Finis. Finissons. Finissez.

In den Pluralformen des Präsens haben diese Verben eine Stammerweiterung: Zwischen Verbstamm und Endung wird *-iss-* eingeschoben. Zu dieser Gruppe gehören etwa 300 Verben.

! Zwei kleine Gruppen von Verben auf *-ir* haben eine andere Konjugation:

	dormir	*ebenso:* partir, sentir, sortir
je	**dors**	
tu	**dors**	
il/elle/on	**dort**	
nous	dormons	
vous	dormez	
ils/elles	dorment	
Imperativ	**Dors**. Dormons. Dormez.	

Die Verben vom Typ *dormir* haben eine Stammverkürzung im Singular: Der letzte Konsonant des Infinitivstamms fällt weg.

	ouvrir	*ebenso:* découvrir, offrir
j'	ouvr**e**	
tu	ouvr**es**	
il/elle/on	ouvr**e**	
nous	ouvrons	
vous	ouvrez	
ils/elles	ouvrent	
Imperativ	Ouvr**e**. Ouvrons. Ouvrez.	

Die Verben vom Typ *ouvrir* enden zwar auf *-ir*, werden aber wie Verben auf *-er* konjugiert. Sie haben in den Singularformen ***-e***, ***-es***, ***-e*** und nicht *-s*, *-s*, *-t*.

Unregelmäßige Verben

! Die meisten unregelmäßigen Verben bilden das Präsens wie die Verben auf *-ir*.
Die Konjugation der unregelmäßigen Verben findest du in deinem Schülerbuch, S. 180–182.

Auf einen Blick: Die Endungen der Verben im Präsens

	Verben auf *-er*	Verben auf *-dre*	Verben auf *-ir*[1] und die unregelmäßigen Verben
Singular	-e -es -e	-s -s -d	-s -s -t
Plural		-ons -ez -ent	

▶ Lerntipps zu den Verbendungen: vordere Umschlaginnenseite

1 außer den Verben vom Typ *ouvrir*

Von diesem Schema weichen nur einige unregelmäßige Verben ab, z. B.

être	→	*nous sommes, vous êtes, ils sont*	*dire*	→	*vous dites*
avoir	→	*j'ai, il a, ils ont*	*pouvoir*	→	*je peux, tu peux*
aller	→	*il va, ils vont*	*vouloir*	→	*je veux, tu veux*
faire	→	*vous faites, ils font*			

▶ vordere Umschlaginnenseite

55.3 Das *futur composé / futur proche* | Le futur composé / futur proche

	Form von *aller*	Infinitiv	
Je	**vais**	**faire**	mes devoirs ce soir.
Tu	**vas**	**jouer**	au foot, mercredi?
Il	**va**	**acheter**	ce livre.
Elle	**va**	**aller**	à la piscine.
On	**va**	**partir**	demain.
Nous	**allons**	**manger**	à la cantine.
Vous	**allez**	**organiser**	un tournoi de foot?
Ils	**vont**	**rester**	ici.
Elles	**vont**	**tourner**	un film.

Das *futur composé / futur proche* bildest du mit einer Präsensform des Hilfsverbs *aller* und dem Infinitiv eines Verbs. ▶ Wortstellung im Satz mit *futur composé / futur proche*: p. 80/57.2, 57.3

55.4 Das *passé composé* | Le passé composé

Das *passé composé* mit *avoir*

	Hilfsverb	Partizip Perfekt
j'	ai	rigolé
tu	as	rigolé
il	a	rigolé
elle	a	rigolé
on	a	rigolé
nous	avons	rigolé
vous	avez	rigolé
ils	ont	rigolé
elles	ont	rigolé

Das *passé composé* mit *être*

	Hilfsverb	Partizip Perfekt
je	suis	allé/allée
tu	es	allé/allée
il	est	allé
elle	est	allée
on	est	allé/allée/allés/allées
nous	sommes	allés/allées
vous	êtes	allé/allée/allés/allées
ils	sont	allés
elles	sont	allées

Das *passé composé* wird genauso wie das Perfekt im Deutschen gebildet: Mit der Präsensform eines Hilfsverbs (*avoir* oder *être*) und dem Partizip Perfekt eines Verbs. Die meisten französischen Verben bilden das *passé composé* mit *avoir*. Nur wenige Verben bilden das *passé composé* mit *être*.

Das Hilfsverb *être* nehmen wir bei *sortir, partir, venir.*
Außerdem *aller, rester* und *entrer, rentrer, passer.*
Fehlen noch *tomber*[1], *monter* und *descendre, arriver.*
Auch *mourir*[2] und *naître*[3], alle brauchen *être.*

1 **tomber** fallen
2 **mourir** sterben
3 **naître** geboren werden

55.5 Das Partizip Perfekt | Le participe passé

Zur Bildung des *passé composé* brauchst du das Partizip Perfekt.

Regelmäßige Verben

regarder → regard**é** Das Partizip Perfekt der Verben auf *-er* endet auf *-é*.
attendre → attend**u** Das Partizip Perfekt der Verben auf *-dre* endet auf *-u*.
finir → fin**i** Das Partizip Perfekt der Verben auf *-ir* endet auf *-i*.

Unregelmäßige Verben

être → **été**	avoir → **eu**	vouloir → **voulu**
faire → **fait**	lire → **lu**	pouvoir → **pu**
dire → **dit**	boire → **bu**	devoir → **dû**
écrire → **écrit**	voir → **vu**	savoir → **su**
mettre → **mis**	venir → **venu**	
prendre → **pris**		

Die Partizipien der unregelmäßigen Verben sind oft auch unregelmäßig. Du musst sie auswendig lernen.
! Du findest die Partizipien der unregelmäßigen Verben in deinem Schülerbuch, S. 180–182.

Il est resté. Elle est mont**ée**.
Ils sont descend**us**. Elles sont sort**ies**.

Nach dem Hilfsverb *être* wird das Partizip Perfekt dem Subjekt in Genus und Numerus wie ein Adjektiv angeglichen.

56 Die Präpositionen | Les prépositions

Hier findest du die Präpositionen, die du in À plus! 1 Méthode intensive kennen gelernt hast. Einige Präpositionen haben mehrere Entsprechungen im Deutschen. So kann z. B. die Präposition *à* mit „in, nach, zu, bis, von, um“ übersetzt werden. Am besten lernst du die Präpositionen im Zusammenhang, z. B. *aller à Paris* – nach Paris fahren; *être à Paris* – in Paris sein.
Denke daran, dass die Präpositionen ***à*** und ***de*** mit den Artikeln ***le*** und ***les*** zusammengezogen werden. ▶ p. 68/51.2

Präpositionen: z. B. à, de, dans, en, sous, sur, pour, avec, sans, chez, devant, derrière, entre, après, à côté de, près de

→→→

56.1 Die Präpositionen des Ortes | Les prépositions de lieu

aller	**à**	Paris	nach Paris
	à	droite/gauche	nach rechts/links
	à	la maison	nach Hause
	à	l'école	zur Schule / in die Schule
	à	la plage	an den Strand
	au	cinéma	ins Kino
	chez	Hugo	zu Hugo
	en	France	nach Frankreich
être	**à**	Paris	in Paris
	à	la maison	zu Hause
	à droite de	la fenêtre	rechts vom Fenster
	à gauche de	la table	links vom Tisch
	à	la page vingt	auf Seite zwanzig
	après	le carrefour	nach der Kreuzung
	au	lit	im Bett
	autour de	la table	um den Tisch herum
	à côté de	l'étagère	neben dem Regal
	chez	Amina	bei Amina
	dans	la chambre	im Zimmer
	de	Berlin	aus Berlin
	derrière	la table	hinter dem Tisch
	devant	la chaise	vor dem Stuhl
	en	quatrième	in der 8. Klasse
	en	France	in Frankreich
	entre	la table et le lit	zwischen dem Tisch und dem Bett
	loin de	la côte	weit von der Küste
	près de	Paris	in der Nähe von Paris
	sous	l'armoire	unter dem Schrank
	sous	la tente	im Zelt
	sur	l'étagère	auf dem Regal

56.2 Die Präpositionen der Zeit | Les prépositions de temps

à	deux heures	um zwei Uhr
à	demain	bis morgen
à	midi	mittags, um 12 Uhr
à	quelle heure?	um wie viel Uhr?
à	l'heure	pünktlich
après	les cours	nach dem Unterricht
avant	la récréation	vor der Pause
dans	une heure	in einer Stunde
de … à	**de** cinq **à** six heures	von fünf bis sechs Uhr
depuis	deux jours	seit zwei Tagen

en	juillet	im Juli
en	ce moment	im Moment, zurzeit
en	avance/retard	zu früh/spät
jusqu'à	cinq heures	bis fünf Uhr
pendant	la récréation	während der Pause
vers	onze heures	gegen elf Uhr

56.3 Andere Präpositionen | Autres prépositions

à	pied	zu Fuß
à	cinq euros	für fünf Euro
avec	Lili	mit Lili
de	Paul	von Paul
en	français	auf Französisch
en	train/bus	mit dem Zug/Bus
par	jour	pro Tag
par	exemple	zum Beispiel
pour	Gabin	für Gabin
pour	son travail	wegen seiner Arbeit
sans	blague	ohne Scherz

57 Der Satz | La phrase

Je m'appelle Bruno.	Aussagesatz
Tu es dans la classe de Clara?	Fragesatz
Arthur, regarde le tableau. Les enfants, ne criez pas.	Aufforderungssatz

Du kennst Aussagesätze, Fragesätze und Aufforderungssätze.

57.1 Die Satzteile | Les parties de la phrase

Subjekt	Verb	Ergänzung	
Les corres	arrivent.		
Les corres	arrivent	**à huit heures.**	Zeitangabe
Les corres	arrivent	**à Strasbourg.**	Ortsangabe
Sophie	aime	**la musique.**	direktes Objekt
Jérémie	téléphone	**à sa copine.**	indirektes Objekt
Loïc	parle	**de ses vacances.**	indirektes Objekt

Sätze haben in der Regel ein Subjekt und ein Verb. Sätze können auch Ergänzungen haben. Es gibt unterschiedliche Arten von Ergänzungen: Zeitangaben, Ortsangaben, direkte und indirekte Objekte. Ein direktes Objekt wird direkt, d. h. ohne Präposition an das Verb angeschlossen. Ein indirektes Objekt wird mit einer Präposition (meistens ***à*** oder ***de***) an das Verb angeschlossen.

57.2 Die Wortstellung im Satz | L'ordre des mots dans la phrase

	Subjekt	Objekt-pronomen	konjugiertes Verb	Objekt-pronomen	Partizip Perfekt / Infinitiv	Ergänzung
présent	Zoë		regarde			le film.
	Zoë	le	regarde.			
passé composé	Zoë		a		regardé	le film.
	Zoë	l'	a		regardé.	
futur composé / futur proche	Zoë		va		regarder	le film.
	Zoë		va	le	regarder.	
Modalverb	Zoë		veut		regarder	le film.
	Zoë		veut	le	regarder.	
il faut	Il		faut		regarder	le film.
	Il		faut	le	regarder.	

Die Stellung der Satzteile in einem französischen Satz ist festgelegt: Subjekt + Verb + Ergänzung. Ein Objektpronomen steht vor dem konjugierten Verb. Steht ein Infinitiv im Satz, so steht ein Objektpronomen vor dem Infinitiv und nicht vor dem konjugierten Verb. Das gilt für Sätze mit Modalverben, *futur composé / futur proche* und für *il faut* + Infinitiv.

57.3 Die Wortstellung im verneinten Satz | L'ordre des mots dans la phrase négative

	Subjekt		Objekt-pronomen	konjugiertes Verb		Objekt-pronomen	Partizip Perfekt / Infinitiv	Ergänzung
présent	Lukas	ne		regarde	pas			le film.
	Lukas	ne	le	regarde	plus.			
	Lukas	ne		regarde	rien.			
passé composé	Lukas	n'		a	pas		regardé	le film.
	Lukas	ne	l'	a	jamais		regardé.	
futur composé / futur proche	Lukas	ne		va	pas		regarder	le film.
	Lukas	ne		va	plus	le	regarder.	
Modalverb	Lukas	ne		veut	pas		regarder	le film.
	Lukas	ne		veut	jamais	le	regarder.	
il faut	Il	ne		faut	pas		regarder	le film.
	Il	ne		faut	pas	le	regarder.	

→→

Die **Verneinungen** *ne ... pas/plus/jamais/rien* umschließen das konjugierte Verb. Das gilt auch für Sätze mit *passé composé* und *futur composé / futur proche* oder für Sätze mit einem Modalverb. Das heißt: Ein Partizip oder ein Infinitiv steht hinter *pas/plus/jamais/rien*.
Ein **Objektpronomen** steht vor dem konjugierten Verb, innerhalb der Verneinungsklammer. Wenn ein Infinitiv im Satz steht, steht das Objektpronomen vor dem Infinitiv, außerhalb der Verneinungsklammer.

57.4 Der Nebensatz | La proposition subordonnée

		Subjekt	Verb	Ergänzung
On va à la plage,	**quand**	il	fait	chaud.
C'est l'endroit	**où**	elle	passe	ses vacances.
		Subjekt	Ergänzung	Verb
Wir gehen an den Strand,	wenn	es	heiß	ist.
Das ist der Ort,	wo	sie	ihre Ferien	verbringt.

In einem französischen Nebensatz stehen die Wörter in der gleichen Reihenfolge wie in einem Hauptsatz: Subjekt – Verb – Ergänzung. Das ist im Deutschen anders.

57.5 Der Fragesatz | La phrase interrogative

	Est-ce que le concert est à Bercy?	Ist das Konzert in Bercy?
Qu'	est-ce qu'on peut faire?	Was können wir machen?
Pourquoi	est-ce qu'ils vont chez le CPE?	Warum gehen sie zum CPE?

Es gibt Fragen mit und Fragen ohne Fragewörter.

Fragen ohne Fragewort

1.		Tu t'appelles Paul?	Intonationsfrage
2.	**Est-ce que**	tu t'appelles Paul?	Frage mit *est-ce que*

1. Intonationsfrage: Ein Aussagesatz, den du mit steigender Intonation sprichst.
2. Frage mit *est-ce que*: Du stellst *est-ce que* vor den Aussagesatz.

In beiden Fragen bleibt die Wortstellung des Aussagesatzes erhalten.

Fragen mit Fragewort und *est-ce que*

Qu'	est-ce que tu fais?	Was ...?
Pourquoi	est-ce que tu me regardes comme ça?	Warum ...?
Combien	est-ce que ça coûte?	Wie viel ...?
Où	est-ce qu'on va faire le pique-nique?	Wo ...?

In Fragen mit Fragewort stellst du das Fragewort vor *est-ce que*. Eine Frage mit *où est-ce que* stellst du nur, wenn das Subjekt ein Pronomen ist.

→→→

Inversionsfragen mit Fragewort

Où est le Centquatre?
Où sont Ambre et Louise?

Que cherche Louise?
Que lisent les jeunes à l'école?

Quelle est ta fête préférée?
Quels sont tes films préférés?

► p. 67/51

In der Inversionsfrage stellst du das Fragewort an den Anfang der Frage, vor das Verb. Dann erst folgt das Subjekt. Das ist wie im Deutschen.
! In einer Inversionsfrage steht nie *est-ce que*.

Vous habitez **où**?
C'est **où**?
Tu t'appelles **comment**?
Tu viens **quand**?
Ça coûte **combien**?

Fragewörter:

que/qu' ...?	was ...?
quand ...?	wann ...?
pourquoi ...?	warum ...?
comment ...?	wie ...?
combien ...?	wie viel ...?
où ...?	wo ...?

In der gesprochenen Sprache wird das Fragewort oft ans Ende des Fragesatzes gestellt.

58 Die indirekte Rede | Le discours indirect

Nico: «Je n'ai pas d'idée.»	Nico **dit qu'**il n'a pas d'idée.
Florent: «Ma sœur a déjà des lunettes.»	Florent **écrit que** sa sœur a déjà des lunettes.
Jade: «Elle n'aime pas ce film.»	Jade **pense qu'**elle n'aime pas ce film.
Florent: «Vous avez déjà un cadeau?»	Florent **demande s'**ils ont déjà un cadeau.

Die indirekte Rede leitest du mit einem Verb der Redeeinleitung und der Konjunktion ***que*** ein (*Il dit/pense/écrit* ***que*** ...). Eine indirekte Frage leitest du mit der Konjunktion ***si*** ein (*Il demande* ***si*** ...).
Im Deutschen kannst du in der indirekten Rede die Konjunktion „dass" auch weglassen. Im Französischen kannst du die Konjunktion *que* nicht weglassen.
Bei der Umwandlung von direkter in indirekte Rede musst du auch Pronomen, Verbformen und Begleiter der veränderten Situation anpassen.

! **s'il** / **s'ils** aber: **si elle** / **si elles** / **si on**

In der indirekten Frage steht nie **est-ce que**.

59 Liste der grammatischen Begriffe | Liste des expressions grammaticales

In dieser Liste findest du alle Begriffe wieder, die im Grammatikheft von *À plus!* 1 und 2 **Méthode intensive** verwendet werden. Suchst du einen Begriff, der aus einem Nomen und einem anderen Wort besteht, musst du unter dem Nomen nachsehen. Informationen zum bestimmten Artikel findest du also unter: Artikel, bestimmter.
Die Zahlen geben dir die Abschnitte des Grammatikhefts an, in denen du ausführliche Erklärungen zu den Begriffen findest.

Adjektiv 2, 3, 53	l'adjectif *m.*	Il est **grand.** *Er ist groß.*; Elle est **grande.** *Sie ist groß.*
Adverb 13, 25, 26	l'adverbe *m.*	Il parle **vite.**; heureux/heureuse → **heureusement**
Akzent	l'accent *m.*	**é** (accent aigu); **è** (accent grave); **ê** (accent circonflexe)
Apostroph	l'apostrophe *f.*	l'armoire; j'habite; c'est; je m'appelle
Artikel, bestimmter 1, 51, 51.1	l'article défini *m.*	**le** livre *das Buch*; **la** bédé *der Comic*; **l'**école *die Schule*; **les** élèves *die Schüler*
Artikel, unbestimmter 51	l'article indéfini *m.*	**un** livre *ein Buch*; **une** bédé *ein Comic*; **des** livres *Bücher*; **des** bédés *Comics*
Artikel, zusammengezogener 51.2	l'article contracté *m.*	à + le = **au**; à + les = **aux** de + le = **du**; de+ les = **des**
Aussagesatz 57	la phrase déclarative	**Ils habitent à Paris.** *Sie wohnen in Paris.*
Bedingungssatz, irrealer 45, 50	la condition irréelle	**Si j'avais le temps, je t'appellerais.** *Wenn ich Zeit hätte, würde ich dich anrufen.*; **Si j'avais eu le temps, je t'aurais appelé.** *Wenn ich Zeit gehabt hätte, hätte ich dich angerufen.*
Bedingungssatz, realer 35	la condition réelle	**S'il fait beau demain, on fera une balade.**
Begleiter 51	le déterminant	**le** livre *das Buch*; **un** livre *ein Buch*; **mon** livre *mein Buch*
Bruchzahl 20	la fraction	z. B. 1/2 **un demi**; 2/3 **deux tiers**
conditionnel passé 49	le conditionnel passé	je **serais venu/e**; j'**aurais regardé**
conditionnel présent 42	le conditionnel présent	on **pourrait**; je **parlerais**
Demonstrativbegleiter 51	le déterminant démonstratif	**ce** garçon *dieser Junge*; **cet** homme *dieser Mann*; **cette** fille *dieses Mädchen*; **ces** garçons *diese Jungen*; **ces** filles *diese Mädchen*

Endung	la terminaison	les festival**s** *die Festivals*; elle est grand**e** *sie ist groß*; nous jou**ons** *wir spielen*
Ersatzformen für das deutsche Passiv 15	les formes qui remplacent le passif allemand	Ici **on parle** français. *Hier wird Französisch gesprochen.*; Ça **se vend** en France. *Das wird in Frankreich verkauft.*
Ergänzung 57.1, 57.2, 57.3, 57.4	le complément	Je range **ma chambre**. *Ich räume mein Zimmer auf.*; Elle parle **à son prof**. *Sie spricht mit ihrem Lehrer.*; Nous allons **au ciné**. *Wir gehen ins Kino.*
Fragebegleiter 51	le déterminant interrogatif	**Quel** livre? *Welches Buch?*; **Quelle** classe? *Welche Klasse?*; **Quels** livres? *Welche Bücher?*; **Quelles** classes? *Welche Klassen?*
Fragepronomen 31	le pronom interrogatif	**Lequel? Laquelle? Lesquels? Lesquelles?** – Tu connais cette série? – **Laquelle?** *Welche?*
Fragesatz 19, 57.5	la phrase interrogative	**Ça va?** *Wie geht's?*; **Qu'est-ce que c'est?** *Was ist das?*; **Où sont mes clés?** *Wo sind meine Schlüssel?*; **Est-ce qu'elles travaillent?** *Arbeiten sie?*
Fragewort 57.5	le mot interrogatif	**Qui?** *Wer?*; **Que?** *Was?*; **Quoi?** *Was?*; **Quand?** *Wann?*; **Où?** *Wo?*; **Comment?** *Wie?*; **Combien de?** *Wie viel/e?*; **Pourquoi?** *Warum?*
futur simple 34, 35	le futur simple	je **serai**; tu **parleras**; nous **mangerons**
futur composé / futur proche 55.3	le futur composé / le futur proche	On **va manger** à la cantine. *Wir werden in der Kantine essen.*
Grundzahl	le nombre cardinal	z. B. **un**, **deux**, **trois**, **quatre**, **cinq**
Hauptsatz 57.4	la proposition principale	**Les élèves doivent aller chez le CPE**, quand ils sont en retard. *Die Schüler müssen zum CPE gehen, wenn sie zu spät kommen.*
Hervorhebung 28	la mise en relief	**C'est** Max **qui** est venu.; **C'est** samedi **que** je pars.
Hilfsverb 55.3, 55.4	le verbe auxiliaire	**avoir**: il **a** parlé *er hat gesprochen*; **être**: elle **est** allée *sie ist gegangen*; **aller**: je **vais** regarder *ich werde sehen*
imparfait 10, 11	l'imparfait *m.*	je **parlais**; nous **finissions**; ils **venaient**
Imperativ 29	l'impératif *m.*	**Lis.** *Lies.*; **Lisons.** *Lesen wir.*; **Lisez.** *Lest. / Lesen Sie.*; **Ne mange pas.** *Iss nicht.*; **Ne mangeons pas.** *Essen wir nicht.*; **Ne mangez pas.** *Esst nicht. / Essen Sie nicht.*
Indefinitpronomen 22, 33	le pronom indéfini	J'ai vu **quelque chose** *(etwas)*.; Il a **tout** *(alles)* oublié.; **Chacun/e** *(jeder/jede)* chante une chanson.
Infinitiv	l'infinitif *m.*	z. B. **regarder**, **sortir**, **apprendre**

Infinitivergänzung 60	le complément avec l'infinitif	Il aime **nager.** *Er schwimmt gerne.*; Elle oublie **de faire** ses devoirs. *Sie vergisst ihre Hausaufgaben zu machen.*; J'ai commencé **à ranger** ma chambre. *Ich habe angefangen, mein Zimmer aufzuräumen.*
Infinitivsatz 21	la phrase infinitive	**Avant de sortir**, j'ai fait mes devoirs. *Bevor ich ausgegangen bin, habe ich meine Hausaufgaben gemacht.*; C'est l'endroit idéal **pour faire un pique-nique.** *Das ist der ideale Ort, um ein Picknick zu machen.*
Intonationsfrage 57.5	l'interrogation *f.* par intonation	**Le concert est à Bercy?** *Ist das Konzert in Bercy?*
Inversionsfrage 38, 57.5	l'interrogation *f.* par inversion	**Que cherche Louise?** *Was sucht Louise?*; **Es-tu d'accord?** *Bist du einverstanden?*
Komparativ 2, 25	le comparatif	Adjektiv: Il est **plus grand** / **aussi grand** / **moins grand** que Léo. *Er ist größer / genauso groß / kleiner als Léo.*; Adverb: Elle court **plus vite** / **aussi vite** / **moins vite** que Max. *Sie rennt schneller als / genauso schnell wie / langsamer als Max.*
Konjunktion	la conjonction	z. B. **et, mais, ou, que, quand**
Mengenangabe 18, 52	le quantifiant	Nomen: z. B. **un kilo de** farine *ein Kilo Mehl*; Adverbien: z. B. **un peu de** lait *ein bisschen Milch*; **plus de** / **autant de** / **moins de** neige *mehr / genauso viel / weniger Schnee*
Modalverb	le verbe modal	**pouvoir** *können*; **vouloir** *wollen*; **savoir** *wissen/ können*; **devoir** *müssen*
Modus 27, 42, 45, 49, 50	le mode	Indikativ: **je viens**; Imperativ: **Viens.** subjonctif: Il voudrait que **je vienne.**; conditionnel présent: **Je viendrais** si je pouvais.
Nebensatz 57.4	la proposition subordonnée	**Quand je rentre à 19 heures,** elle est déjà là. *Wenn ich um 19 Uhr heimkomme, ist sie schon da.*
Nomen 51	le nom	le **copain**; ma **copine**; mes **amis**
Objekt, direktes 57.1	le complément d'objet direct	Je range **ma chambre.** *Ich räume mein Zimmer auf.*
Objekt, indirektes 57.1	le complément d'objet indirect	Elle parle **à son prof.** *Sie spricht mit ihrem Lehrer.*; Il parle **de son projet.** *Er spricht über sein Projekt.*
Objektpronomen, direktes 54.1, 54.2	le pronom objet direct	Il cherche le CD. → Il **le** cherche. *Er sucht die CD. → Er sucht sie.*
Objektpronomen, indirektes 54.1, 54.2	le pronom objet indirect	Elle parle à son frère. → Elle **lui** parle. *Sie spricht mit ihrem Bruder. → Sie spricht mit ihm.*

Ordnungszahl	le nombre ordinal	z. B. **le premier / la première** *der erste / die erste*; **le/la deuxième** *der/die zweite*; **le/la troisième** *der/die dritte*
Partizip Perfekt 41, 49.1, 55.5	le participe passé	j'ai **eu** *ich habe gehabt*; j'ai **été** *ich bin gewesen*; j'ai **fait** *ich habe gemacht*
passé composé 11, 14, 55.4	le passé composé	J'**ai fait** mes devoirs. *Ich habe meine Hausaufgaben gemacht.*; Il **est allé** à Paris. *Er ist nach Paris gefahren.*
passé récent 47	le passé récent	Elle **vient de partir**. *Sie ist gerade weggegangen.*
Personalpronomen, verbundenes 54.1, 54.2	le pronom personnel conjoint	**je**, **tu**, **il**, **elle**, **on**, **nous**, **vous**, **ils**, **elles**
Personalpronomen, unverbundenes 54.1, 54.2	le pronom personnel disjoint	**moi**, **toi**, **lui**, **elle**, **nous**, **vous**, **eux**, **elles**
plus-que-parfait 41, 50	le plus-que-parfait	Quand elle est arrivée à l'école, les cours **avaient** déjà **commencé**. *Als sie in der Schule angekommen ist, hatte der Unterricht schon begonnen.*
Possessivbegleiter 51	le déterminant possessif	**ma** chambre *mein Zimmer*; **notre** appartement *unsere Wohnung*
Präposition 56	la préposition	**après** l'école *nach der Schule*; **dans** la chambre *im Zimmer*; **à** Paris *in Paris*
présent duratif 46	le présent duratif	Je **suis en train de ranger** ma chambre. *Ich bin (gerade) dabei, mein Zimmer aufzuräumen.*
Pronomen *en* – lokal 36.1 – partitiv 17	le pronom *en*	– Les enfants sont encore à l'école? – Oui, ils **en** reviennent à quatre heures. *Ja, sie kommen um vier Uhr (von dort) zurück.* – Tu prends du café? – Oui, j'**en** prends. *– Nimmst du Kaffee? – Ja, ich nehme welchen.*
Pronomen *y* – lokal 36.2	le pronom *y*	– Lise est allée au club? – Non, elle n'**y** va plus. *Nein, sie geht (dort) nicht mehr hin.*
Rede, indirekte 58	le discours indirect	**Nico dit qu'il n'a pas d'idée.** *Nico sagt, dass er keine Idee habe.*; **Il demande s'ils ont un cadeau.** *Er fragt, ob sie ein Geschenk haben.*
Reflexivpronomen 4	le pronom réfléchi	**me/m'**, **te/t'**, **se/s'**, **nous**, **vous**, **se/s'**

Relativpronomen 39, 48, 54.3	le pronom relatif	Tu as une amie **qui** joue aux échecs? *Hast du eine Freundin, die Schach spielt?*; C'est un film **que** je connais. *Das ist ein Film, den ich kenne.*; C'est une plage **où** on peut faire du surf. *Das ist ein Strand, an dem man surfen kann.*; J'ai fait une BD **dont** je suis très fier. *Ich habe einen Comic gemacht, auf den ich sehr stolz bin.*
Relativsatz 7, 39, 48, 54.3	la proposition relative	C'est le garçon **qui joue des percussions.** *Das ist der Junge, der Schlagzeug spielt.*; C'est la série **que nous regardons souvent.** *Das ist die Serie, die wir oft sehen.*; C'est l'endroit **où on fait le pique-nique.** *Das ist der Ort, wo wir das Picknick machen.*; Elle ne comprend pas **ce qui s'est passé.** *Sie versteht nicht, was passiert ist.*; Je ne sais pas **ce qu'il préfère.** *Ich weiß nicht, was er lieber mag.*
Satz 57	la phrase	**Je m'appelle Paul.** *Ich heiße Paul.*; **Tu t'appelles Louise?** *Heißt du Louise?*
Stammerweiterung 55.2	Einschub von *-iss-* oder *-ss-* zwischen Stamm und Endung	réfléchir: nous réfléch**iss**ons *wir überlegen*; finir: ils fin**iss**ent *sie beenden*; connaître: nous connaissons *wir kennen*
Stammverkürzung 55.2	Wegfall des letzten Konsonants des Stamms	dormir: je dors *ich schlafe*; sortir: tu sors *du gehst aus*; partir: il part *er geht/fährt weg*
subjonctif 27	le subjonctif	Il faut **que je parte.** *Ich muss jetzt gehen.*; Antoine voudrait **qu'on fasse** une fête. *Antoine möchte, dass wir ein Fest machen.*
Superlativ 3, 26	le superlatif	Adjektiv: C'est **le plus grand** port de France. *Das ist der größte Hafen Frankreichs.* Adverb: Il a couru **le plus vite / le moins vite** de tous. *Er ist am schnellsten / am langsamsten von allen gerannt.*
Teilungsartikel 16	l'article partitif *m.*	**de l'**eau *Wasser*; **du** lait *Milch*; **de la** farine *Mehl*; **des** oranges *Orangen*
Verb, reflexives 4, 14	le verbe pronominal	**se lever** *aufstehen*, **s'énerver** *sich aufregen*
Verneinung 32, 43, 57.3	la négation	Il **n'**aime **pas** le foot. *Er mag Fußball nicht.*; Elle **ne** dort **plus.** *Sie schläft nicht mehr.*; Je **ne** vais **jamais** à la cantine. *Ich gehe nie in die Kantine.*; **Personne ne** me comprend. *Niemand versteht mich.*; **Rien ne** l'intéresse. *Nichts interessiert ihn/sie.*

60 Die Verben und ihre Ergänzungen | Les verbes et leurs compléments

Hier findest du eine alphabetische Liste der französischen Verben mit ihren Ergänzungen, die du in *À plus!* 1 und 2 **Méthode intensive** gelernt hast.

Abkürzungen:
qn (= quelqu'un): Steht für ein Nomen oder ein Pronomen, das eine Person bezeichnet.
qc (= quelque chose): Steht für ein Nomen oder ein Pronomen, das eine Sache bezeichnet.
+ *inf.* (= + infinitif): Steht für den Infinitiv eines anderen Verbs.

acheter qc (**à** qn)	(jdm) etw. kaufen
adorer + *inf.*	etw. sehr gerne tun
aider qn (**à** + *inf.*)	jdm helfen (etw. zu tun)
aimer qn/qc; aimer + *inf.*	jdn/etw. lieben, mögen; etw. gerne tun
apporter qc (**à** qn)	(jdm) etw. mitbringen
apprendre qc (**à** qn)	(jdm) etw. beibringen
apprendre **à** qn **à** + *inf.*	jdm beibringen etw. zu tun
arriver **à** qn; arriver **à** + *inf.*	jdm passieren; schaffen etw. zu tun, erreichen
attendre qn/qc	auf jdn/etw. warten
changer **à** (+ Ort); changer **de** qc	umsteigen (in + Ort); etw. ändern, wechseln
commencer **par** qc; commencer **à** + *inf.*	mit etw. beginnen; beginnen etw. zu tun
comparer qn/qc **à** qn/qc	jdn/etw. mit jdm/etw. vergleichen
conseiller qc **à** qn; conseiller **à** qn **de** + *inf.*	jdm etw. raten; jdm raten etw. zu tun
continuer **à** + *inf.*	weiterhin etw. tun
correspondre **à** qn/qc	jdm/etw. entsprechen
dater **de**	aus/von etw. stammen
décider qc	etw. entscheiden/beschließen
décider **de** + *inf.*	beschließen etw. zu tun
demander (qc) **à** qn	jdn (nach etw.) fragen
demander **à** qn **de** + *inf.*	jdn bitten/auffordern etw. zu tun
détester qn/qc; détester + *inf.*	jdn/etw. hassen; hassen etw. zu tun
devoir + *inf.*	etw. tun müssen
dire qc (**à** qn)	(jdm) etw. sagen
discuter **de** qc	über etw. reden, diskutieren
donner qc **à** qn	jdm etw. geben
échanger qc (**contre** qc)	etw. (gegen etw.) austauschen
écouter qn/qc	jdm zuhören, auf jdn hören, etw. (an-)hören
écrire qc (**à** qn)	(jdm) etw. schreiben
envoyer qc (**à** qn)	(jdm) etw. schicken
expliquer qc (**à** qn)	(jdm) etw. erklären
frapper qn; frapper **à** qc	jdn schlagen; an etw. klopfen
interdire qc (**à** qn)	(jdm) etw. verbieten
interdire **à** qn **de** + *inf.*	jdm verbieten etw. zu tun
inviter qn (**à** qc)	jdn (zu etw.) einladen
jouer **à** qc	etw. spielen (Sport, Spiel)
jouer **de** qc	etw. spielen (Instrument)
laisser qn/qc **à** qn	jdm etw. lassen, überlassen